松弛感

小野 著

北京日报出版社

图书在版编目（CIP）数据

松弛感 / 小野著. — 北京：北京日报出版社，2023.4

ISBN 978-7-5477-4549-6

Ⅰ.①松… Ⅱ.①小… Ⅲ.①人生哲学-通俗读物 Ⅳ.①B821-49

中国国家版本馆CIP数据核字(2023)第017260号

松弛感

责任编辑：	史　琴
监　　制：	黄　利　万　夏
特约编辑：	张久越　胡　杨
营销支持：	曹莉丽
装帧设计：	紫图装帧
出版发行：	北京日报出版社
地　　址：	北京市东城区东单三条8-16号东方广场东配楼四层
邮　　编：	100005
电　　话：	发行部：(010) 65255876
	总编室：(010) 65252135
印　　刷：	艺堂印刷（天津）有限公司
经　　销：	各地新华书店
版　　次：	2023年4月第1版
	2023年4月第1次印刷
开　　本：	880毫米×1230毫米　1/32
印　　张：	5.75
字　　数：	93千字
定　　价：	55.00元

版权所有，侵权必究，未经许可，不得转载

 前 言

松弛的人，温柔且有力量

我尝试过很多不同的生活方式，从极简到自律，从寻求改变到打造生活的高级感，一路走来，因为践行这些生活方式，我从一个设计师转变为职业的写作者，在不同的人生阶段收获了不同的惊喜。然而对我来说，更重要的是，不断地摸索和调整造就了我能够自在地面对世事的生活态度——松弛。

为了过上理想的生活，现代人似乎把紧绷训练成了一种本能。在学生时代，我们保持紧绷，用努力换取优异的成绩；进入社会后，我们时刻鞭策自己，用更好的

业绩或更高的职位来获取更优渥的薪水，以支撑自己过更好的生活。弦绷紧了易断，人绷紧了易疲。如果不学会松弛，我们很容易在紧张的快节奏中迷失自己。

松弛感，这三个字看起来云淡风轻，真正做到却不容易。松弛感不是对自己放松要求，通过降低目标来让自己在做事的过程中更舒服；真正的松弛感是把精力都专注于当下，无论结果好坏，不抱怨也不畏惧，心平气和地面对。

一如我之前提倡的那些生活方式，松弛感也是可以培养的。

松弛感的本质是对自己的笃定，也可以视为一种信念，"泰山崩于前而色不变，猛虎踯于后而魂不惊"，这种笃定和信念来自强大的自我；松弛感的表现则是稳定的情绪，如涓涓细流一般滋养自己和他人，而不是如汹涌的波涛将周围的万事万物都淹没了；只要我们用积极的思维去面对和调整，无论生活、职场还是亲密关系，都可以保持松弛的状态。

所有这些关于松弛感的理解和思考，我都写进了这本书里，愿你也能在不疾不徐的节奏里，找到一片属于自己的人生旷野。

小野

2023 年 3 月

目 录
Contents

Chapter 01
强大自我：松弛来源于安全感

走出误区：松弛不是躺平，而是努力后的释然　　002

强者思维：最高级的松弛感是每天鼓励自己　　006

底层自信：学会聚焦，修炼核心竞争力　　012

刻意练习：找对方法，成为一个厉害的人　　017

放弃完美：完美主义一定程度上是一种自虐　　024

接受失败：以坦然的心境面对人生起伏　　030

持续学习：终身成长，才有为自己兜底的勇气　　034

Chapter 02
稳定情绪：
找到让自己舒服的出路

减少对比：不必与他人比较，人生没有标准答案　　042

减少焦虑：轻盈自在的外在，源自内心的从容　　046

减少压力：让自己的心灵保留一点弹性　　051

学会接纳：允许一切发生，岁月自有馈赠　　056

学会拒绝：拥有说"不"的勇气　　060

学会消解：表达情绪，而不是情绪化表达　　064

疗愈内在小孩：让自己二次成长　　068

目 录

Chapter 03

轻松生活：
太用力的人生走不远

断舍离：将加法人生改为减法人生　　　　　　　　　074

不纠结：不要过分追求，力所能及就好　　　　　　　078

要留白：不要害怕浪费时间，什么都不做也可以　　　083

仪式感：学会庆祝平凡日子里的美好　　　　　　　　087

保持热爱：喜欢的事持续做，讨厌的事让它变简单　　092

不畏变化：在改变中获得生活的选择权　　　　　　　096

享受独处：孤独不是逃避，是建立自己的宇宙　　　　101

Chapter 04
平衡职场：
寻求持续的职场自由

正向思考：积极的情绪，才会产生积极的行动	108
时间管理：掌握方法，让效率翻倍	114
心流状态：全心投入，找到工作最佳状态	120
以终为始：关注目标和结果，逐步成事	125
不必设限：向上成长，才能有职场自由	129
学会复盘：不断迭代，别让努力都是低水平重复	133

Chapter 05
亲密关系：
活在自在的关系里

不讨好：不委屈自己，不取悦他人　　　　　　　　　140

界限感：越是亲近的人，越要相互尊重　　　　　　　143

降低期望：降低对别人的期待，找回自己的力量　　　148

依恋模式：不轻易爱，不轻易离开　　　　　　　　　153

非暴力沟通：别让你说话的方式，毁掉你的婚姻　　　159

痛苦与冲突：既要全情投入，又要及时抽离　　　　　164

CHAPTER
01

强大自我：
松弛来源于安全感

松弛相对的状态是焦虑，
人之所以焦虑，究其原因
往往是自己的能力配不上自己的野心。

走出误区：
松弛不是躺平，而是努力后的释然

"紧绷感"是当代年轻人的通病，一天 24 小时似乎不够用，时刻处于"战斗"状态，身心都处于疲惫状态。

在持续而高效运转的背后，是社会的内卷现象，大家只能越来越拼命，别人能做到的我也能做到，甚至做得更好，这样才不会失去对生活的掌控权。然而，这也恰恰让我们无法掌控好生活。

于是为了对抗"内卷"，不少人选择"躺平"。什么是躺平？说简单点，躺平就是不上班、不劳动、降低欲望。

只是单纯地放弃努力，就像自我麻痹的阿Q精神，认为一旦自己不努力了，就可以完全摆脱生活的裹挟。可是，一个人能真正摆脱心理上想要获得成就感的诉求吗？难。大多数人"身躺而心不平"，根本做不到真正的"无欲无求"。

所以说，逃离"内卷"的真正办法不是"躺平"，而是需要积极的"松弛感"。

松弛感不是放弃努力的躺平，不是什么都不在乎，不是无所事事的悠闲，而是尽力之后对追求的随遇而安，是无所畏惧活出自在心安、坚持自己的本性。

何多苓曾说："我和林丹握手，他的手和女人一样柔软，我一下子就明白了什么是所谓的松。"他认为，我们要保持一种松弛的状态，当处于"紧"的状态，什么事都做不好。要想获得松弛的状态，一定要经过"紧"的阶段。

我们看到的别人展现出来的松弛感，背后或许是十几年如一日的努力。只有长期地努力和自律，成为一个厉害的人，才能获得松弛感。

不管何时，郎朗只要坐在钢琴前，就能游刃有余地弹奏。郎朗说自己，"我每天肯定要保持两小时练琴，不是基本，就是不间断，怎么累我也练，综艺录到两点我也得练一小时，半夜也得练一会儿。你必须得做到这样，要不然很危险"。

当一个人想用尽全力实现自己的目标，或是特别想改变生活的某一方面时，他一定是"紧绷"的。正是日复一日的训练，才使得郎朗无论到哪里、无论什么时候，只要有一架钢琴，就能带来一段令人惊艳的表演。

松弛感需要足够的实力和心力去支撑。有足够的能力和阅历，才会在面对问题的时候不慌不忙，处理事情时全力以赴，哪怕最后结果不尽如人意也能坦然接受。

每个人在生活中都难免碰到挫折。当我们为一个目标奋斗时，很可能遇到各种各样的干扰和阻碍，导致结果不尽如人意。如果长时间地沉浸在负面情绪中，带来的会是无尽的颓废，为难的会是自己。唯有拥有强大的心力，才能在困难来临之时不自乱阵脚；也只有保持良好的心态，吸取教训，才能有机会扭转局面，让事情朝好的方向发展。

与松弛相对的状态是焦虑。人之所以焦虑，究其原因，往往是自己的能力配不上自己的野心。如果我们的实力已经不可替代，那么焦虑和不安的情绪会随之消失，取而代之的是一种掌控感和安全感。当一个人觉得周遭的环境乃至自身都处于可掌控的局面时，处理事情时也就能游刃有余、松弛有度。

在人生的旅途中，如果我们一味地追求实现某个目标，那么就容易激发得失心。这种得失心让我们在面对挫败时产生沮丧的心理。但是，如果我们把精力聚焦于过程，把一切顺境和逆境都视为不可避免的体验，也就更容易释然。

当你历经失败后，才会真正懂得愈挫愈勇；当你有足够的能力和阅历，才会在面对问题的时候不慌不忙；当你全力以赴后，哪怕最后结果不尽如人意也能坦然接受。

强者思维：最高级的松弛感是每天鼓励自己

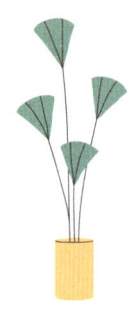

被评价为具备松弛感的人，大多都是自我价值极高且高度认可自我的人。一个处于弱者模式的人，往往将自己置于弱小、无助的境地，把整个世界放在对立面。在心理学中，这种消极的心态是典型的受害者模式。受害者模式也叫弱者模式，如果一个人陷入这种模式，会出现以下几个明显的特征：

- 认为整个世界都在和自己作对；
- 将自己生活中的不顺归咎于他人；
- 用消极的态度应对生活中出现的问题；
- 把别人的意见当作攻击；
- 对周围接触的人都充满负面的情绪；
- 无法认识到自己的错误并做出改变。

试问，如果一个人患得患失，又怎么可能实现精神上的松弛呢？

那么，怎样才能培养出自己的强者思维呢？最简单的办法就是给自己积极的心理暗示。

心理暗示不仅会影响和改变人的心理与行为，还能对人的生理机能施加影响。在面对同一个局面时，不同的心理暗示会带来不同的结果。举个简单的例子，假如你参加一场比赛，自认为能拿第一，结果拿了第五。在这种情况下，在消极的心理暗示下，你会觉得失望，甚至丧失再次参加比赛的勇气；在积极的心理暗示下，你会吸取这次失利的经验和教训,然后做出相应的调整,让自己的实力越来越强大。

在生活中,如果我们能够运用积极的心理暗示,不但会让自己变得积极向上,就连境遇也可能朝着好的方向发展。

该如何对自己进行积极的心理暗示呢?做好以下两个方面就行了:

1.欣然接受别人的赞美

处于弱者模式的人总是觉得自己不够好,他们的人生信条是"我很平庸,不值得被人赞美"。

扔掉这种信念吧,别让这种卑微的想法束缚自己。那些带着爱的赞美是人间瑰宝,只有欣然接受别人的赞美,让自己相信自己"足够好",才能避免过于苛求自己,也不那么紧绷。

2.每天鼓励自己

积极的心态可能来自别人的鼓励，但更重要的是给自己积极的心理暗示，也就是学会自我鼓励。如果你不擅长自我鼓励，那么记住下面几句话，也许会对你有所帮助。

第一句话：我是这个世界上独一无二的存在。

生而为人，最悲惨的莫过于努力了一生，却变成了"他人"。如果一个人认识不到自己有多么独特，就很容易被别人的评价左右。所以，大声地告诉自己，你是这个世界上独一无二的存在。

第二句话：我很棒，我能做到。

我读过这样一个故事：索拉利奥是一个修补匠，他的家境十分贫寒。有一次，当地有名的画家安东尼奥请索拉利奥到家里修补画具。画家的女儿美丽又优雅，索拉利奥对她一见钟情。

勇敢的索拉利奥向画家提亲，想要娶画家的女儿为妻。画家见索拉利奥只是个穷小子，开玩笑地说："娶我女儿的人，只能是和我一样优秀的画家。你能做到吗？"索拉利奥当真了，和画家定下十年之约，他承诺自己十年后一定会成为一名优秀的画家。

从那以后，索拉利奥每天早上起床后做的第一件事就是大声地告诉自己："你一定能成为像安东尼奥那样伟大的画家！"接下来的每一天，他都满怀激情和信心，努力地提高自己的技艺。十年后，索拉利奥真的成了著名的画家，他的成就甚至超过了安东尼奥。

你选择相信什么，也许最终真会看见什么。积极的心理暗示常常能给人带来动力和勇气，创造完全出乎意料的奇迹。当你遇到困难时，不妨给自己打打气，告诉自己"我很棒，我能做到"。

第三句话：我相信自己值得被爱。

在动画电影《玛丽和马克思》（*Mary and Max*）中，玛丽写信向马克思倾诉，她苦恼自己没有朋友，也没有人喜欢她。后来，玛丽收到了马克思寄来的饼干，上面有这样一句话:"爱人先爱己。(Love yourself first.)"

告诉自己值得被爱,才有机会和可能发现更多的爱。世间所有的爱都是以自己为中心而不断扩大的,如果一个人连爱自己都做不到,那么他也很难得到别人发自内心的爱和尊重。

从现在开始,每天鼓励自己,用更积极的心态面对生活,生活自然会变得自在和松弛。

底层自信:学会聚焦,修炼核心竞争力

在日新月异的时代,如果没有安身立命的本领,就很难生存下去,而整天处于忧虑中。

松弛感的获得,离不开增强自己的核心竞争力,自己的核心竞争力越强,可控的部分就越多,外在的表现就越松弛。

如何不被社会淘汰,如何掌握安身立命的本领,如何做到不可替代呢?比

如医生或律师。一个优秀的医生或律师，拥有几十年的工作经验，达到了其他人无论怎么努力都很难在短时间内超越的水平。他们积累了数不清的案例，面对职场和生活中的难题时，阅历和经验会帮助他们来判断和处理，进而从容地应对。

如何打造自己的核心竞争力呢？

首先，明确适合自己的竞争领域。

怎样才能找出自己的优势呢？有一个简单又有效的办法，即分别列出你最擅长做的事情、喜欢做的事情，以及职场或生活中需要的能力，然后找出这三个部分重合的领域，那可能就是最适合你修炼核心竞争力的领域。

我有个朋友欣欣，她喜欢美食，每到一个地方必先打卡当地美食。她经常自己做一些新鲜又好吃的点心。她大学读的是新闻传媒专业，上学的时候就喜欢在社交平台发布自己做美食的视频，收获了很多网友的好评。近几年，随着自媒体的兴起，欣欣果断放弃了稳定的工作，选择成为一名美食博主，经营自己的自媒体平台。

她既懂美食又懂媒体，把爱好和专业背景结合在一起，从而形成了自己独一无二的核心竞争力。

其次，把有限的时间用在有意义的事情上。

人生的意义是什么？每个人都会正式或者不正式地思考这个问题。往往不同的人对这个问题会给出不同的答案。很多人只有在觉得自己人生有意义的时候，才会产生愉悦和满足；否则，就会陷入迷惘和无聊中。

《托尼·厄德曼》是一部讲述父女亲情的电影。影片中，父亲和女儿伊涅斯的一次对谈给我留下了深刻的印象，也让我了解到"意义"这个词语的真正含义。女儿问父亲："人活着究竟有什么意义？"父亲回答说："日常琐事占据了我们生活中的大部分时间，一会儿干干这个，一会儿干干那个，而时间则像水一般流逝。人生也是如此。我们如何才能把握好生命的每一个瞬间呢？有时候，我会想起你小时候学骑自行车的情景，有时候我会想到在公交车站找到你的那一天。遗憾的是，人总是后知后觉，身在其中时却无法察觉。"

在生活和工作中,我们常常什么都想抓住,觉得这件事一定要做,那件事也非做不可,却忘记了自己拥有的不过是一具普普通通的肉体,没有分身术,也不是机器人。如果事事投入全部的精力,最后可能一事无成。

在这个世界上,几乎所有物品都有标价,唯独时间没有。一秒、一分、一小时,时间按照自己的节奏永不停歇地向前,无法购买也无法存留。因此,对于每个人来说,时间都是非常宝贵的。要想提升自己的核心竞争力,就要好好利用时间,把宝贵的时间用在真正重要的事情上。

在计算机还没有普及的 20 世纪初,有一道数学难关横亘在科学家的面前——2 的 76 次方减去 1,其结果是质数吗?很多科学家尝试解出这道难题,但都徒劳无功。

1903 年 10 月,在美国纽约举行的世界数学年会上,一位叫科尔的数学家成功地破解了这道难题,论证出最终的结果不是质数,而是合数。在接受采访时,记者问科尔:"您花了多长时间论证这个课题?一个礼拜、一个月还是一年?"科尔微笑着摇摇头,平静地说:"都不是,三年内的全部星期天。"

当你坚定地知道自己要去哪里、要做什么,就不会因为路上的一些风景而动摇。在提升自己的道路上,每个人只有朝着正确的方向日复一日地努力,才能最终抵达理想的彼岸。

刻意练习：
找对方法，成为一个厉害的人

在大众的认知里，成功的因素似乎不外乎两点：努力和天赋。有些人认为：只要努力做一件事，并且坚持到底，就一定能成功。还有些人把成功归结为天赋："哇，他会说这么多种语言，真是有语言天赋""这孩子钢琴弹得好，一定有过人的音乐天赋"……

然而，不得不揭露一个残忍的事实，不是所有的努力都会有收获。至于"有天赋的人可以毫不费力地成功，没有天赋的人再努力也白费力气"这种想法也暴露了一个危险的倾向——把优势当成了捷径。

莫扎特3岁即显露音乐才能,4岁从父学习钢琴,5岁开始作曲,6岁开始漫游欧洲的巡回演出,短短的近36年人生创造了600多部独立的乐曲,拥有无人能比的音乐才华,他就像一个音乐魔法师,可以将接触的所有事物都谱写成迷人的旋律。因此,人们一直把莫扎特当作旷世奇才,认为是天赋异禀造就了他如此高的艺术成就。

实际上,莫扎特之所以能够成为人们眼中的天才,离不开他父亲的培养。莫扎特的父亲名叫列奥波尔得·莫扎特,是当地知名的音乐家,出版过《小提琴实用基本教程》。在他还很小的时候,父亲就开始对莫扎特进行音乐教育,教他弹古钢琴。父亲还为他制订了系统的学习计划,包括读写、历史、地理、外语等。在父亲的严格要求下,莫扎特勤学苦练,才最终成为世界有名的音乐家。

可见,真正的成功离不开"刻意练习"。正如艾利克森在《刻意练习》里所说:"足够长的练习时间和正确的练习方法足以把每个人从新手变成大师。"心理学上有一个重要的概念叫"心理表征"。当我们的大脑进行思考的时候，无论想到的是人、事情，还是物品，都会有一个对应的心理结构，比如当我说到"房子"时，你的脑海中马上会浮现一座楼房，有屋顶、门、墙、窗户等等，这个形象就是你对房子的心理表征。

任何一个事物都有特定的心理表征。对于新手和大师来说，他们的区别就在于面对同一事物时，心理表征的水平和丰富程度不同。比如，一个完全不了解音乐的人，在听到"古典音乐""流行音乐""爵士音乐"这些词的时候，可能毫无头绪，也不知道自己听到的曲子到底是哪种音乐类型。他对音乐的心理表征还处于比较基础、简单的阶段。

但如果换作一个音乐家，当他听到这些和音乐有关的词语时，不但大脑里会立刻想到对应的曲目，而且对这些音乐类型的特点也一清二楚。当他听到一支曲子时，可以立刻判断出它属于什么音乐类型。音乐家对音乐的心理表征是复杂且高级的。

为什么会有这样的差别呢？并不是音乐家的大脑优

于完全不了解音乐的人，而在于他花在研究音乐上的时间更多。如果一个人想成为音乐家，他势必需要经过多年的训练，对许多曲子都了然于胸。这就是刻意练习的作用。

不管是任何技能，唯有经过刻意练习，我们才能以松弛感的状态展现出来。

关于刻意练习，有一个广为流传的规律，那就是"一万小时定律"。意思是，只要在某个领域持续努力一万小时，任何一个人都可以从新手变成大师。

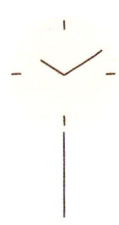

成功并没有这么简单。想把自己变成高手，光靠一万小时的努力是不够的，因为成功的关键不在于练习时间的长短，而在于训练方法。如果方法不对，一小时又一小时地练习并不会有太大的作用。那么，正确的方法是什么呢？

第一，树立特定的目标

目标引导过程，没有明确的目标，就没有必要刻意练习。你需要想清楚自己的目标是什么，比如是想学会一种乐器，还是想系统了解一门新的学科。

第二，找到挑战区，跳出舒适区和恐慌区

根据心理学的定义，将人对外部世界的认知划分成三个区域，即舒适区、挑战区和恐慌区。对于这三个区域，心理学家是这样解释的：舒适区是我们熟悉的、习惯的，待在这个区域中，我们的行为处于稳定的水平，心情也较为放松；在恐慌区中，我们的精神压力过大，容易不安和焦虑；而挑战区里则是我们以前接触得比较

少的事物，可能会有一点压力，但可以承受，也不至于让人焦虑。

如果一直待在舒适区，容易消磨人的斗志，而待在恐慌区又会让我们不适，只有挑战区可以让我们得到充分的锻炼。只有在挑战区内刻意练习，人才会不断进步。

第三，要有及时且持续的反馈

"及时反馈"是练习过程中非常重要的一个方面。我们在练习时可以以旁观者的角度观察自己，复盘过程，肯定进步，改正错误，慢慢地就会形成一个良性循环。

第四，在练习过程中保持专注

现代管理学大师彼得·德鲁克说过一句话："我们多数人即使在同一时间内专心致志地做一件事，也不见得真能做好；如果想在同一时间内做两件事，那就更不必谈了。"

如果想把一件事情做好，我们必须制订一个完整的计划，然后持之以恒地按照计划执行，这样才能看到成果。只有将注意力集中在这一件事情上，我们才能看到自己的进步，进而越来越享受练习的过程。当你找对方法，通过持续的刻意练习使各方面的能力有所提升，你也会对自己越来越满意。如此一来，松弛感还会远吗？

放弃完美：
完美主义一定程度上是一种自虐

完美主义倾向是松弛感最大的敌人，它让人把目光局限在不完美的事情上。完美主义者总是认为自己不够好，觉得自己能力不足、容貌不够完美等等，可实际上在别人眼里，他们并没有自以为的那么差。

我们每个人身上多多少少都存在一些完美主义的倾向，比如说：

· 过分在意细节。有的人身为领导者，常常把大部分的时间和精力放在员工身上，对员工交上来的每一份报告都会仔细核查。

· 对自己和他人都抱有不切实际的期待。有的家庭里，夫妻之间会互相抱怨，妻子嫌弃丈夫没有上进心、工资不高，丈夫则埋怨妻子不够贤惠和体贴。

· 无论大事还是小事，都很难做出决策。有的人每天出门前都要花很长时间来挑选衣服，就算终于出门了，也不太满意身上的衣服。

当看到理想与现实的差距后，完美主义倾向就成了一把伤人的利器，让人不知所措，无法放松地享受生活。说到完美主义，我想起了多年前看过的一部电影，名叫《黑天鹅》。娜塔莉·波特曼饰演的女主角妮娜是一个芭蕾舞演员。新一季《天鹅湖》挑选演员时，妮娜被选拔为"天鹅皇后"的第一候选人。身为"天鹅皇后"，妮娜要一人分饰二角：既要扮演纯真的白天鹅，还要扮演妖媚的黑天鹅。妮娜个性温婉，演绎起白天鹅来无可挑剔，可是她始终无法完美诠释黑天鹅。

为了成为最完美的"天鹅皇后"，妮娜不惜节食、酗酒，甚至放纵自己。然而，这一切给她带来巨大的心理负担，使她的精神出现了错乱。在演出的当晚，走火入魔的妮娜最终奉献了一场精彩的演出，但是也付出了沉重的代价——她陷入自己幻想的世界，用玻璃碎片捅伤了自己。

或许我们每个人的心里都藏着一只"黑天鹅"，有时候朋友的一句玩笑话、领导的一个眼神，都会影响我们的心态，让我们不得不再三思量自己的言行。可是，完美是不存在的。越是追求完美，越无法接受自己的不完美，进而就越需要完美。在这个循环中，人也会越来越疲惫，进而透支着健康和生命的活力。

武志红老师曾说过一句话，世界是相反的。他认为，真实胜过完美，只有我们愿意接受真实，才会深刻地感知比完美更美好的东西。

我们可以通过一些方法来减轻自己的心理负担，避免钻入完美主义的牛角尖。

方法一：接纳生活的不确定

生活中充满了各种各样的未知，由此给我们带来了不确定感。对于完美主义者来说，不确定感会打乱既定的计划，让人处于迷惘和混乱的状态。

然而，不确定感不一定是坏事。试想一下，如果看电影之前已经知道了结局，那还有什么惊喜可言呢？所以，有时候不确定的状况就像拆礼物一样，会给我们带来兴奋的感觉。

从某种程度而言，生活是好是坏，与每个人的心态和行动有很大关系。接纳生活的不确定，让自己的心态变得平和，才能更好地掌控生活，面对未来做好准备。

方法二：降低心理预期

心理学上有个词语叫"预期效应"，就是说期望的高低会影响人的心理状态。可以通过简单的公式来理解：喜悦＝现实－心理预期，失望＝心理预期－现实。人人都有心理预期，但对于完美主义者来说，过高的心理预期如同一条枷锁，将他的大脑层层困住，难以挣脱出来。

追求完美本身并不是坏事，但是如果过于追求完美而让自己承受过度的压力，那只会令自己筋疲力尽。降低心理预期并不是要我们降低努力的标准，而是希望我们在做一件事情的过程中事先考虑可能产生的任何结果，甚至不成功的结果。这样不论结果是什么样，我们都可以从容应对。请记住，承认现实是获得幸福的钥匙。

方法三：不要害怕试错

错误不是没有价值的，而是极佳的学习机会，能帮助我们找到正确的方向。人生就是一个不断试错的过程，如果我们在生活或工作中犯了错，更好的做法是将错误资产化，即分析犯错的原因并将错误记录下来，把错误变成自己的资产，避免日后再犯类似的错误。

越较劲，越紧绷，当你摒弃了完美主义倾向，也就给自己的内心松了绑。电影《双赢》（*Win Win*）中有一句经典台词："我们都做过蠢事，好消息是你又有了下一次机会。"不要让完美成为你的束缚，不完美的开始也会迎来好的未来。

接受失败：
以坦然的心境面对人生起伏

11岁的安妮面临着很多难题：她从小失去父母，在寄养家庭和孤儿院都没有得到很好的照顾，受尽欺凌；由于中介人的过错，她被送到了马修和马瑞拉的家里，可是马修和马瑞拉原本是想收养一个小男孩；与周围人都不一样的一头红发、平庸的长相、喋喋不休的个性，让她总是遭到别人的嘲笑……

安妮身世凄凉、性格怪异，没有一个真正的家，从某种程度上来说，这样的她是"悲惨"的；可是，安妮并没有因为苦难的际遇而沉沦，反而用自己的乐观、热情和勇敢融化了人们的敌意和偏见：她拥有了人生中的第一个好朋友戴安娜；在慈善晚会上，她的朗诵赢得了在场观众的满堂喝彩；她以全镇第一的成绩考上女王学院，还获得了奖学金；她得到了马修和马瑞拉的认可，终于有了自己的家。

这是《绿山墙的安妮》的故事。很多年前，当我第一次读它的时候，就被安妮身上乐观的精神和生命的活力深深地吸引了。这么多年过去，我依然会不时地从书架里抽出这本书，从安妮的身上获取力量。而且，每当身边有人因为失败而变得沮丧的时候，我都会用安妮的故事鼓励他。

对于大多数人来说，保持松弛感太难了，尤其是在遭遇失败的时候。有的人在失败面前越挫越勇，有的人因为失败而变得懦弱、胆怯。具备松弛感的人，既能欣然接受成功，拥抱幸福；亦能坦然面对失败，并且从失败的废墟中挖掘出闪闪发光的惊喜。

在喜剧电影《阳光小美女》中，为了帮助小女孩奥利芙实现当选美国小姐的梦想，全家人——夸夸其谈却一事无成的爸爸、对婚姻和生活感到绝望的妈妈、渴望成为飞行员的哥哥、脏话不离口的爷爷和失恋兼失业的舅舅，开着一辆租来的破车踏上了寻梦的旅程。结果在旅途中，爸爸得知自己的书无法出版，爷爷意外去世了，哥哥无意中发现自己是色盲而飞行员梦碎，奥利芙尽管登上了选秀的舞台却被惩罚终身不得参加任何比赛……

这一家人都有自己的理想，却事事都不顺心，如果你是他们其中的任何一个，会怎么面对这样的人生？

在电影中，奥利芙的舅舅说了一段话："你知道马塞尔·普鲁斯特吗？他是个法国作家，也是个彻彻底底的失败者。他没有做过一份正经、稳定的工作，爱情得不到回应。他花二十年的时间写了一本书，却几乎没人读。然而，他或许是自莎士比亚之后最伟大的作家。当他在临终前回顾往事时，那些痛苦的岁月是他一生中最好的时光，因为这些时光成就了他。"

爷爷的死亡让这一家人明白，无论成功还是失败，都是生活的一部分。他们开始试着敞开心扉，去了解天天见面却无比陌生的家人。在电影的最后，一家人开着车欢快地疾驰在回家的路上。

"唯有强者值得接受他人的崇拜，弱者不值得同情。"这是典型的成功学思维，也是束缚现代人的思想枷锁。可是，人生并不是只有成功和失败这两种结果。接受失败，对于帮助我们理解人生的意义尤为重要。

哈莉·贝瑞是著名的演员，她曾经在2002年第74届奥斯卡金像奖颁奖典礼上获得了最佳女主角奖。然而，在2005年，她遭遇了人生的滑铁卢。她主演的电影《猫女》票房惨淡，她也因此被评为金酸莓奖最差女主角。短短几年，欢喜两重天。

一般来说，很少有明星亲自去领取金酸莓奖，但哈莉·贝瑞却出席了当天的颁奖典礼，她还对在场的人说："如果不能做一个好的失败者，也就不能做一个好的成功者。"

我曾经看到过一句话："向高时，记得谦卑；走低时，不卑不亢。"只要用正确的态度来面对，失败也并非完全是坏事，我们或许能从中有所收获——下一次面对类似状况的从容和底气，或者是更松弛的人生态度。

持续学习：
终身成长，才有为自己兜底的勇气

杰出的心理学家卡罗尔·德韦克将人的思维分为两种：固定型思维和成长型思维。这两种思维有什么区别呢？

一般来说，我们常常会听到拥有固定型思维的人说"我不会""我没做过""只能这样了"，他们的思维往往固化，过于在意他人的看法，并且常常因为他人的负面评价而陷入自我否定的状态。

而拥有成长型思维的人表现为什么样呢？他们会说"既然我改变不了环境，那就改变自己""我不知道，不过我可以学""这次没做好，下次改进"……这一类人勇于改变，乐于接受失败和挑战，善于从环境中吸取经验，不断地提升自己。

拥有成长型思维的人，能以发展的眼光来看待问题，帮助自己进行心理建设，让自己从内而外松弛有度，然后专注于自己可以努力提升的地方。然而，人的一生很长，成长不可能是一瞬间或者某一个短时间段就能完成的，而是要付出一辈子的心力去实现的。如果我们想变得更聪明、更有勇气，就需要从固定型思维转化为成长型思维。终身成长，应该是每个人的人生目标。只有终身成长，才有保持松弛感的底气。

当我们还是学生的时候,学习是主要任务。一旦离开学校,很多人就失去了学习的动力,尤其是对工作繁忙的人来说,时间本来不够用,留给学习的就更少了。在如今这个时代,知识和信息更新迭代的速度越来越快,寄希望于从学校获取所有知识是不可能的。毫不夸张地说,一个人在校阶段获得的知识,大概只占他一生所需知识量的十分之一,我们必须保持终身成长的心态,不断地学习。

一个践行终身成长的人,无论处于人生的哪一个阶段,都可以通过努力来改善自己,让一切变得更好。

《小妇人》是家喻户晓的文学经典。马奇家有四个性格完全不同的女儿,其中二女儿乔的梦想是成为一名职业作家。为了实现自己的梦想,乔离开从小生活的村庄,只身奔赴纽约。可是成为作家的梦想之路并不顺利,被出版社一次次地否定之后,为了生计,乔不得不按照出版社的要求,写自己不喜欢的文章。虽然吃尽了苦头,但乔没有就此放弃。后来,乔不但成了作家,还创办了学校。

"认识你自己。"这是刻在希腊阿波罗神庙门口的一句神谕。乔清醒地知道自己想要什么,并且坚定地追寻着梦想,她有勇气为自己的人生负责。与此同时,生活也没有辜负她,她在追寻梦想的过程中真正实现了自我的成长。

做到下面四步,任何人都可以拥有终身成长的能力。

第一步:觉察

固定型思维是一块拦路石,要想让自己的成长之路更顺利,就要先搬走拦路石。

我们可以每天在临睡前回想一下生活和工作中发生的事情,想想自己在什么情况下产生了"我不能""不可以"的想法。

第二步:接受

任何反馈都是学习和成长的一部分。当你觉察到自己的固定型思维后,不必为此感到羞愧或者沮丧,而应该坦然接受自己的退缩和失败。接着，在心里默默地告诉自己："虽然我暂时做不到，但下一次我会勇敢地尝试。"

第三步：分析

接下来，你应该分析自己为什么会产生固定型思维，究竟是自己真的没能力，还是仅仅是畏难的心思在作怪？只有搞清楚真正的原因，才能采取正确的行动来让自己实现改变。

第四步：改变

如果是因为自己的能力不足而产生固定型思维，那么就给自己一段时间去学习，直到真正具备所需的能力。这样如果再次碰到相同的事情，就能够用比之前更好的思考和行为方式来处理。

一旦你从习惯于说"我不能"而转变为说"我可以"，就意味着你已经拥有成长型思维。

CHAPTER
02

稳定情绪：
找到让自己舒服的出路

松弛感是可以
接受自己的负面情绪，
并以恰当的方式表达情绪。

减少对比：不必与他人比较，人生没有标准答案

在我们的一生中会面临各种各样的指标：婴幼儿时，身高和体重是衡量我们成长水平的指标；在学校里，考试成绩是衡量我们学习效果的指标；工作后，职位和薪资是衡量我们工作能力的指标……正因为有了这些指标，每个人和身边的人可以互为参照。与他人比较的念头由此滋生，它一旦出现，就会像一个手段高明的小偷，在你毫无察觉的情况下，偷走你的快乐和幸福。

我有一个朋友，她有一份小有成就的事业，家庭也十分美满，在旁人眼中称得上"人生赢家"。然而，有一

次我和她见面时,她却神色黯淡,眉宇间似乎藏着忧愁。我问她是不是遇到了什么烦心事。朋友告诉我,她不久前参加了一次同学聚会,看到几个以前成绩不如自己的同学现在都过得比自己好,她有点羡慕和失落,觉得自己很有挫败感。和他人比较,把注意力都放在别人身上,反而看不到自己已经拥有的幸福。

为什么别人能做到的,我却做不到?为什么别人能拥有的东西,我却得不到?和别人比较,让我们不由自主地妄自菲薄,甚至嫉妒别人的能力和成就。

你是否捉过螃蟹呢?当你把第一只螃蟹丢进篓子里后,一定要记得盖上盖子,否则它会自己爬出来。但是如果你已经捉了好几只螃蟹,就没必要盖盖子了,因为它们是不可能爬出来的——当任何一只螃蟹试图往上爬时,其他的螃蟹都会用大钳子钳它,再次把它拖到篓子里。这种现象在心理学上被称为"螃蟹心理",是社会上一种普遍的心态,如果我爬不上去,那我就拉住别人,让别人也爬不上去。换句话说,就是见不得别人比自己好。如果一个人有螃蟹心态,他往往会表现出以下特征:

- 容易看到别人的缺点；
- 当别人分享成绩时，以消极的态度来回应；
- 将别人视为自己的对手，凡事要胜人一筹；
- 缺少同理心，对他人的不幸漠不关心。

在现实生活中，人的心理常常是复杂的。我们有时候是那只想努力爬出篓子的"螃蟹"，有时候又是阻止别人往上爬的"螃蟹"。我们都想要证明自己，让别人看到自己的能力，但是也害怕别人超越自己。总是想着和别人对比，只会无止境地消耗自己的心力，打乱自己的人生节奏。将视线从别人身上转移到自己身上，不和别人比，用松弛的心态生活，这才是更有智慧的活法。

在《朗读者》节目中，俞敏洪讲述了自己的求学故事。他从小生活在农村，起初成绩并不是那么突出，两次高考都失败了。第三次高考之前，他看到母亲为了自己去城里找补习老师而奔波的样子，自此下定决心一定要考上大学，开启了拼命学习的模式，每天早上六点就开始学习，直到晚上十二点还拿着手电筒看书。

俞敏洪终于成功拿到了北京大学的录取通知书。可他没有想到的是，大学生活并没有他想象中那么愉快。

入学后，俞敏洪发现自己和其他同学的差距：不会说普通话，英语听力和口语都一塌糊涂，也没有什么文艺或体育特长，甚至别的同学读的书都比自己多，俞敏洪觉得自己只有拼命学习。然而，成绩没有达到最好的水平，身体却先垮了。俞敏洪的大三是在医院里度过的，他因为过度劳累而患上了肺结核，被迫休学一年。躺在病床上的时候，他才终于想明白两件事情：跟别人比没有任何意义；进步是自己的事情，跟别人无关。病好之后，俞敏洪开始把注意力都放在自己身上，最后到了毕业的时候，他顺利地留校任教。

每个人的人生都是独特的，我们没有必要和别人对比，做好自己，才是对自己负责。当你不再和别人对比的时候，才能真正发现自己的需求，做出适合自己的决定，实现自己的价值。

减少焦虑：轻盈自在的外在，源自内心的从容

朋友莉莉告诉我，她太焦虑了：每次出门之前会反复检查背包，确认自己带齐了所有物品；出门之后又会想家里的门有没有锁好，电器的插头有没有拔掉。

除此之外，莉莉每天还担心自己的生活和工作出现其他问题：

- 刚把做好的PPT发给领导了，万一他不喜欢这个模板的风格怎么办？

- 在朋友圈里看到小 A 换了新工作，公司的环境真不错。为什么朋友都比我过得好？
- 体检报告显示有结节，我是不是得什么病了？

你有过和莉莉相似的焦虑吗？在心理学上，焦虑被定义成一种不愉快的、令人烦恼的情绪。当人们感受到外界的刺激或者是内心的冲突的时候，焦虑就产生了。面对焦虑，人们常常会有两种做法：

- 治标不治本：身体指标异常就办张健身卡，领导不满意，就拼命加班……
- 回避：假装不在意，内心却比谁都焦灼……

这两种应对方法，要么收效甚微，要么适得其反，只会让人陷入不断填补焦虑的恶性循环。而在焦虑的影响下，我们很有可能会做出冲动的行为，无法实现生理上和心理上的松弛。

我曾经读过一本名为《情绪》的书，其中记载了一项心理学研究：为了治疗患有蜘蛛恐惧症的人，研究人员采取了三种不同的办法来尝试消除受试者对蜘蛛的恐惧。

第一组受试者采取的是认知再评估法。研究人员让受试者尝试用一种不让人感到害怕的方式来描述蜘蛛，比如"这只蜘蛛很小，它是安全的"。

第二组受试者采取的是转移注意力法。研究人员让受试者想一想其他和蜘蛛无关的事情，转移他们的注意力。

第三组受试者采取的是直接描述的方法。研究人员让他们对自己见到蜘蛛的感觉进行详细的描述，比如"我眼前的这只蜘蛛长得很丑,看到它会觉得恶心和害怕"。

实验结果表明,在这三种方法中,直接描述的方法是最有效的。它会安抚受试者的焦虑情绪,即使在实验结束后的一个星期,受试者也能比较平静地面对蜘蛛。

可见,直面焦虑是应对焦虑的良方。除此之外,当你被焦虑情绪困住的时候,还可以通过一些技巧让自己放松下来。

深呼吸

深呼吸是缓解焦虑的重要方法,站立或坐着都可以,但要保持上身挺直;然后将一只手放在胸口,另一只手放在腹部;采用腹式呼吸法,用鼻子深吸一口气,直到放在腹部的手比放在胸口的手高,用嘴巴呼气。

每做一次深呼吸,时长为 8～10 秒。可以根据自己的需要重复进行,直到心情平复。

想象让自己放松的场景

当焦虑来袭的时候,你可以先做几次深呼吸,让自己平静下来,然后想象一个可以让你感到轻松愉快的地方,那里有一切你想要的东西。

比如可以想象一个周围满是花草的小院子,你躺在树下的躺椅上,怀里卧着一只毛茸茸的小猫,边抚摸小猫边享受温暖的阳光。在这个场景中停留 5 ～ 10 分钟,直到自己放松为止。

放下手机

不停地刷手机会让大脑接收太多不必要的信息,这种行为无疑是在给自己制造焦虑。适时放下手机吧,让思绪彻底放空,焦虑情绪也会烟消云散。

减少压力：
让自己的心灵保留一点弹性

仔细想想，每个人的生活中几乎无时无刻不存在压力：学校里，有考试或升学的压力；职场上，有工作或人际交往的压力；家庭中，有处理家事或育儿等压力。想要完全逃离这些压力是不可能的。

然而，有些压力是必要的，比如当工作中需要和某个重要的客户谈判时，一定会感受到极大的压力，因为这次谈判的结果不仅关系到公司的业绩，也会对个人的职业发展产生重要影响。可是也多亏了这份压力，使自己提前做足了功课，最后不仅达到了预期的目的，也提升了工作能力，让自己获得了成长。这样的压力属于良性压力，是人生必不可少的刺激，会帮助我们成为一个更好的人。但是相反的，如果累积了太多的压力而不懂得缓解和释放，则不利于身心健康。

人的心理应像弹簧一样，即使承受了压力，也可以复原，这就是心理学上说的"心理弹性"。一个具有松弛感的人，内心是保有弹性的，是压不垮、打不倒的。

说到这里，我想起了被席慕蓉称为"诗魂"的叶嘉莹。她一生致力于古诗词研究，获得了"感动中国2020年度人物"荣誉。在颁奖盛典上，关于叶嘉莹的颁奖词里有这样一句话："你是诗词的女儿，你是风雅的先生。"这个一生沉浸在诗意中的人，人生过得却并不诗意。

叶嘉莹读中学的时候，随着战争的爆发，她的家庭接连遭遇变故——父亲失联、母亲因病去世。身为家中长女，叶嘉莹没有就此沉沦，而是肩负起照顾两个弟弟的责任，并且继续着自己的学业。进入婚姻后，丈夫因为犯错被捕入狱，叶嘉莹不得不独自照顾女儿。到了晚年，原本以为可以享受天伦之乐了，没想到命运又给叶嘉莹带来一记重击——她的大女儿、女婿被车祸夺走了生命。

"平生几度有颜开，风雨逼人一世来。"这是叶嘉莹丧女后写下的一句诗，可以说，她的一生都在苦水里浸泡着。可是，面对生活的种种变故，叶嘉莹始终预留了足够的弹性空间去容纳，她把所有的经历变成阅历，让自己的生命越来越丰盈。

人是惯性动物，情绪、意志和行为都可以通过训练来获得或增强，心理弹性也是如此。我们可以通过以下几个方面来增强自己的心理弹性。

积极看待压力

不要将压力看作是对自己的威胁,而应该将其视为挑战。用"我能够应付""坚持一下就过去了""慢慢来"等语言给自己积极的心理暗示,这样可以起到缓解压力的作用,令我们更加主动地面对它。

找到选项B

谢丽尔·桑德伯格在《另一种选择》一书中提到:丈夫去世后,桑德伯格一度陷入悲伤的情绪中。有一次,孩子的学校举办亲子活动,需要父母共同参加。她跟朋友菲尔哭诉,表示只想要丈夫来参加。朋友菲尔告诉她,既然选项A已经不存在了,那就只能考虑选项B。

要为自己的人生准备选项B,当压力来临时,放弃不能选择的,选择可以选择的。

允许自己求助

允许自己向他人求助，也可以达到缓解压力的效果。当你觉得压力过大时，及时向身边的朋友或亲人倾诉，或许可以从他们那里获取解决的办法。

有规律地运动

坚持运动可以促进人的大脑分泌内啡肽，提高抗压能力。内啡肽是一种对我们有益的物质，可以带来快乐的感觉。

学会接纳：允许一切发生，岁月自有馈赠

一个情绪内核稳定的人，一个能够接纳自我的人，接纳生活中发生的一切。

当我们在生活中遭遇不顺的时候，如果总是认为它不该发生，就容易陷入纠结的境地；但如果转个念头，把它当作人生的一种经历，就容易接受了。

面对不顺利的事情，比如考试不及格、被领导批评……难免会懊恼，"早知道就不应该那样""如果当时那样做就好了"。可惜的是，事情已经发生了，说再多都于事无补。"世界以痛吻我，我却报之以歌"，既然我们

没有办法改变已经发生的事情,那就接纳它吧。

是的,"接纳",当你真正发自内心地去接纳,就会打开一个新的、充满其他可能性的世界。

《美丽心灵》是我时常重温的一部电影。在数学家约翰·纳什的世界里,一切都可以用数学公式和数学推理来解释。然而,这样一位天才却患有精神分裂症。

整部影片最触动我的是,为了摆脱药物带来的副作用,纳什决定停药,他开始接受自己是精神分裂症患者的事实,与自己幻想出来的人和平相处。故事最后,纳什已经能够分辨真实与幻觉的区别,坦然地带着幻觉生活。

当改变很难时,接纳不失为解决问题的好方法。

在这个世界上,几乎没有完美的人或者物。学会接纳,最主要的是懂得接纳自己的缺点,这样我们才能获得快乐和幸福。

我看过一部关于画家黄美廉的短片。由于出生的时候缺氧，导致脑部神经受到了损害，黄美廉从小就无法开口说话。而且她的四肢肌肉也失去了正常的作用，身体无法保持平衡。

一般孩子到1岁多就开始学走路了，可是黄美廉还无法坐起来，只能像一个肉团瘫坐在那里。5岁的时候，黄美廉花了整整1年的时间，才学会了握笔。

上学的时候，因为自己的样子，黄美廉遭到了同学的嘲笑。她在晚上睡觉前哭着许愿，希望第二天醒来自己就能变成正常人的模样。可惜，这样的奇迹是不可能发生的。黄美廉伤心了一阵子。

直到在学校的墙上看到一句话——不要改变环境，要面对环境，黄美廉似乎从中找到生命的答案。从那一天开始，她变得不一样了。她开始比别人花更多的时间读书，努力实现成为画家的梦想。多年以后，黄美廉取得了艺术学博士学位。

成名后的黄美廉去中学演讲，台下的学生问她："您从小就长成这个样子，您会认为老天不公吗？"这个问题很尖锐，可黄美廉的脸上没有任何不愉悦的神情，她微微一笑，以笔代嘴，在黑板上写出自己的回答："我只看我所拥有的，而不看我所没有的。"

假如我们总是将视线聚焦于自己的缺点和不顺的事情，只会陷入无穷无尽的烦恼。当眼前的大门关上了，你还可以去寻找窗。允许一切发生，岁月自有馈赠。

学会拒绝：
拥有说"不"的勇气

《人间失格》的主人公叶藏说："我的不幸，恰恰在于我缺乏拒绝的能力。我害怕一旦拒绝别人，便会在彼此心里留下难以愈合的裂痕。"

当一个人不忍心拒绝他人的时候，他更多是在为别人考虑，这是一种善意，但不合理的请求是在过度消费善意。很多时候，我们不需要为他人负责，而应该把自己放在第一位。学会说"不"，你的人生才会轻松。

在现实生活中，我常常遇到一些不合理的请求。对我来说，拒绝别人并不难，只要是触及我的底线和原则的事情，我都可以果断地说"不"。当我对别人不合理的要求说"不"的时候，我感觉到了轻松。

然而，不是人人都能像我这样干脆地说"不"。在中国这个人情社会，对有的人来说，拒绝是一件难事。对于不好意思拒绝别人的人，哪怕是不合理的请求他们也会应承下来。问题出在哪里呢？原因在于他们没有坚定维护个人的边界。

简单地理解，个人边界就是我们常说的"底线"或者"原则"。每个人都有一块完全由自己说了算的"领土"，包括身体、情绪及心理等方面，一旦别人越过了边界，我们就会感觉到自己受到了侵犯，进而产生负面情绪。

那么，如何才能维护自己的边界感，学会坦然地拒绝呢？

第一，明确自己不能接受的事情，用平和的语气表明意愿

你可以仔细地回想一下，在平常的生活和工作中，什么事情会让你感觉不安、拘谨甚至生气，那就是你不能接受的事情，把它们一一列举出来。

和别人交往的时候，及时表明自己的原则，让他们知道哪些事情是你能接受的、哪些是你不能接受的，这样他人就不会因为那些你不能接受的事情来麻烦你。

第二，尝试坚定地拒绝，不要让自己为难

遇到你不愿意或者无法做到的事情时，直接表达拒绝，避免使用"再说吧""我想想"等模糊和搪塞的语言，因为这样只会让对方误以为还有希望，反而耽误他寻找真正可以提供帮助的人。

当别人对你提出要求时,其实他的心里已经预期了两种答案——Yes 或 No。无论你给出的是哪一个答案,都在他的意料之中。所以,以平常心对待自己拒绝对方的行为,不要被所谓的道德绑架。

第三,态度委婉,适当解释自己拒绝的理由

拒绝别人的时候,你可以解释一下原因,只要是合情合理的,对方一般都能接受。如果不想语气听起来过于强硬,可以在表达拒绝之后加上一句:"我很理解你,但很抱歉,我真的没有办法答应。"

每个人都应该重视个人边界,勇敢地说"不"!只有这样,才能更加充分地了解自己的边界,才能逻辑自洽地做出一些选择和决定,松弛地面对自己和他人。

学会消解：
表达情绪，而不是情绪化表达

松弛感不同于钝感力，钝感力是练习不产生负面情绪的能力，而松弛感是可以接受自己的负面情绪，并以恰当的方式表达自己的情绪。

很多人习惯了情绪化表达，而不是表达情绪。我们总想用摔东西、摔门、吼叫等情绪化表达来压制、惩罚别人，但是这种方式不一定能带来积极的效果，且不仅不能惩罚到别人，反而会加重自己的负面情绪。

人们常见的情绪化表达主要有两种：一种是通过语言直接说出来，比如当你高兴的时候会说"太好笑了""真开心"，生气的时候会喊"我讨厌你""走开"等等；还有一种是通过表情、声调、眼神、动作等非语言的方式间接地表现出来，比如有的人生气的时候会皱紧眉头、怒目圆睁，即使他一句话也不说，别人也能够清楚地感受到他的愤怒。

而表达情绪不是一件容易的事情，这一点我深有感触，不会正确地表达情绪不仅会伤害身边的人，也会伤害自己。

表达情绪就是用语言表达出自己真实的感受。这样做除了可以表达自己的观点，还可以将负面情绪释放，人也就松弛下来了。

很多时候，人与人吵架都是想争个输赢，除非一方放弃或主动让步，否则争吵就没完没了。但是如果我们将问题直接说出来，这样原本对立的双方就能从互相指责中抽离出来，从敌对关系变成合作关系，以解决问题为共同目标，矛盾很快就消失了。

怎么样才能做到表达情绪，而不是情绪化表达呢？

不要冲动，先让自己冷静下来

我们常说，先处理心情再处理事情。当情绪产生后，如果你能心中默数 10 个数，让自己先冷静一下再来表达，就会避免很多不必要的麻烦。

就事论事是关键

如果表达的情绪和发生的事实相匹配，那么大多数人是能够接受的。如果不是实事求是地表达，很可能引起争执，产生新的不良情绪反应。

比如，如果因为工作上的事情产生某些不良情绪，需要向领导或者同事说明情况时，一定要注意客观描述，避免发牢骚。此外，还需要说明导致不良情绪的缘由，让对方能够理解情绪和事件之间的因果关系，以便更好地解决问题。

表达≠指责，将"你"换成"我"

很多人吵架的时候，常常会以"你"开头，比如"你真自私""你总是让我失望"等，这些话都带有指责的意味，会让对方产生对立的情绪。

表达情绪是以"我"为主语，如实描述自己此时的感受，比如"我很生气""我感到难过"等。这样的语言攻击性比较弱，容易激发对方的同理心，从而更愿意理解你，也容易进行良性沟通。

疗愈内在小孩：让自己二次成长

一个人无论独处还是与他人相处时感到松弛，都源于内在的安全感。那么，这种内在的安全感是怎么产生的？——这与我们的"内在小孩"息息相关。

内在小孩，是自我的一部分，代表着我们对于童年创伤的记忆。随着时间的流逝，我们可能无法清晰地回忆起童年或人生早期发生的事情，但其实它们藏在我们的潜意识中，影响着我们的一举一动。

你有没有过这样的经历：当你遭到别人的质疑或批判时，很容易变得激动或者愤怒；当你身处一个陌生的环境，周围全是不认识的人时，会感到紧张或者焦虑；当你给朋友打电话对方不接，而且也没有及时给你回电话时，你会心怀不满或感到慌乱……事实上，这些情绪化的表现都是"内在小孩"在发出呼救。

一行禅师曾在一本书中写道："很多人的心里都住着一个受伤的孩子，这些伤痕可能来自父母。他们也许在童年曾受过创伤，由于不知如何治疗，只能将伤痛传给我们。如果我们不知如何转化与治疗内心的伤痕，也可能继续将它传给孩子、孙子。所以，我们必须回到内心那个受伤的孩子身边，帮助他从伤痛中痊愈。"

所以，要想摆脱情绪波动的困扰，活得有松弛感，疗愈"内在小孩"就是一个契机。具体怎么做呢？

首先，承认"内在小孩"的存在。

人的心灵犹如头顶的星空，浩瀚且神秘，充满了未知。人在面对未知时容易不安和恐惧，因此在面对由"内在小孩"所引起的各种情绪时，我们不知道到底该怎么做才能让心灵回归平静。

"看见"是疗愈的第一步,只有承认了"内在小孩"的存在,才能进行下一步的安抚工作。

其次,倾听"内在小孩"的声音,为"他"平反。

正视自己在童年或早期受到的伤害,试着安抚那个在内心的角落里默默哭泣的小孩:"尽管我现在面临的有些问题是因你而产生的,但这一切不是你的错,也不是我的错。"

可以将创伤经历讲给信任的人听,这是疏导情绪的方法之一。

再次,自我引导,陪"内在小孩"一起长大。

表面的接纳只是缘木求鱼,要想真的疗愈"内在小孩",就要和"他"一起成长。

可以定期回顾过往,照看自己心中的"内在小孩",告诉"他":"别怕,有我在,我会一直陪着你。"用这种自我对话的方式,让"内在小孩"感受到足够的关注与爱,"他"就会慢慢强大起来,不再纠结于过去的创伤和痛苦。

当你和"内在小孩"都越来越成熟,就会发现,身心也进入了比以前更为放松的状态。

CHAPTER

03

轻松生活：
太用力的人生走不远

人生需要适当做减法，
减去不必要的，
才能获得更多的时间和空间。

断舍离：
将加法人生改为减法人生

你是否听说过"狄德罗效应"呢？它是被一个哲学家发现并提出的。

丹尼斯·狄德罗是法国著名的哲学家。有一天，狄德罗收到朋友送来的礼物，是一件华贵且精美的睡袍。狄德罗很喜欢这件睡袍，当天就穿在身上，可是，他发现此时的自己与整个家格格不入——不仅颜色不协调，而且家具和其他物品都不够高档。为了让整个家看起来与睡袍更匹配，狄德罗更换了的旧家具。然而，当他站在焕然一新的家里时，却感到不像以往那样舒适和放松，因为他意识到,"自己竟然被一件睡袍胁迫了"!

这种现象在我们的生活中也十分常见。人们往往不满足拥有一件新物品,而是会不断地添置与其相匹配的物品,以达到心理上的平衡。

在生活中,多数人都习惯努力做加法——交更多的朋友、住更大的房子、赚更多的金钱……无止境的欲望只会令我们身心疲惫。就像一名登山者,一心想登上顶峰,可是身上背负了沉重的背包,哪里有心思好好欣赏沿途的风景?

人生需要适当做减法,减少不是损失,只有减去不必要的,我们才能获得更多的时间和空间。

给物品做减法

这个时代有许许多多让人心动的物品,有些物品看起来很方便,有些物品看似会让我们变得时尚。但是我们在拥有物品的同时,物品也占据了我们的内心和空间,生活不可能变得舒适。

在《少即是多：北欧自由生活意见》中，作者本田直之这样写道："在一个万物俱备、什么都不缺的年代，占有物质很难再刺激我们的感官，让我们获得长久的满足。在新时代，比起金钱和物质，更重要的是精神层面的充实感。从实物中获得的满足感只能持续很短的时间，但是我们宝贵的经历以及从中获得的知识，将永久入驻我们的生命。如果一个人清楚知道对自己来说什么是最重要的，就可以干净利落地砍掉那些生活中不需要的东西。与其说是'化繁为简'，不如说是'刻意放手'更为贴切。"

放弃那些不必要的物品，留下自己真正需要的，不但可以让自己所处的环境更加整洁、有条理，还能获得生活品质的提升，这才是对自己真正的体贴与关怀。

给感情做减法

我们不仅要给物品做减法，还要给感情做减法。有时候，感情上的牵绊会让人不愿意丢弃早已无用的物品。

此外，给感情做减法，还要学会拒绝有害的关系。

有的人平时性情和善，在公开场合发表自己的观点时可以侃侃而谈，大方又得体，但却拒绝参加集体活动，比起和朋友聚餐，他们更喜欢独处。因为他们知道，不必要的人际关系是对自己的消耗，只有珍惜自己的时间和精力，才不会让复杂的关系网将生活搅成碎片。

正如一句话所说，"成长是做加法，成熟是做减法"。去掉所有的干扰项之后，我们就可以收获最轻松的自己。

不纠结：不要过分追求，力所能及就好

很多人内心常常拧巴、纠结，令自己不断陷入精神内耗的状态，自然也就无法获得松弛感。

在朋友当中，欣然是我最佩服的一个人，因为她从来不纠结。

外出吃饭时，她会直接从不需要排队的餐厅中挑出评分最高的，免去等位的烦恼。

前一周刚刚庆祝了她升职，接着就听到了她跳槽的消息。我不解地问她："为什么刚升职就跳槽呢？放弃了多可惜啊！"她说："为什么不呢？我在现在的公司已经没有上升空间，也不会有新的成长。新公司是新兴的行业，公司的发展方向也很清晰，前景很好。有这么好的机会，我当然要抓住啊！"

就连结婚，她也选择了闪婚。她在一次朋友聚会上认识了现在的老公，一见倾心，当即决定主动出击。朋友都劝她谨慎一点，她说："我和他从家庭聊到事业，从婚姻聊到人生，三观合拍、爱好相似，我确定，再也没有比他更合适我的人了！"

在旁人眼中，欣然无疑是拿到了大女主的剧本，雷厉风行、屡战屡胜。在她自己看来，一切得益于她从不纠结的个性，敢想敢做，哪怕失败了也能坦然接受，大不了从头再来嘛。她说："在所有解决问题的方案中，纠结是最无效的那一种，没有之一。"人为什么会纠结呢？人纠结时就像大脑中有两个对立的小人儿在打架，其中一个小人儿手持长矛，鼓动我们大胆地往前冲，"快，去做吧";另一个小人儿则拿着一面盾牌挡在前面,拼命地把我们往后拉扯,"再等等,万一做不好呢"。

这种"万一做不好"的想法,可能是担心"我做不好这件事",也可能是担心"我不够好"。前一种担心很自然地,能够促使我们更全面地去看待问题,找到最合适的解决办法;而后一种担心则没有什么益处,它是一种自我怀疑和否定,容易让人焦虑,甚至恐惧。如果我们对自己持怀疑的态度,就会迟迟无法做出决定。一旦我们接纳自我怀疑,同时又充分觉知内在的渴望,便能跨出改变的那一步。前一阵子,嘉悦向主管提出了离职,这已经是她第三次提离职了。

最后这次提离职之前,嘉悦来找我,询问我的看法。

我说:"抉择是为了遇见更好的自己,如果你确定离职之后会更好,那就果断点。"

嘉悦感觉自己进退两难,说:"说实话,现在公司的待遇不错。但是我长久地在这个圈子里待着,就像井底的青蛙,我怕出去之后找不到比现在更好的工作……"

不安的情绪左右着嘉悦的决定。我告诉她,"在所有解决问题的方案中,纠结是最无效的那一种,没有之一",并且让她想清楚自己是要待在舒适区还是挑战区。

没过多久,嘉悦就离开了这家公司,并且找到了新的工作。从电话里,我听出她的心情很轻松。

所有在原地等待兔子的人,只是在白白地蹉跎岁月,消耗自己的青春。用行动改变自己,才能离自己期待的未来越来越近。

纠结不完全是坏事,这代表我们想把事情做好。可是在生活中,大多数人处理事情时往往怀着一种信念:不能犯错,不能比别人差。明白这一点后,我们就会发现,其实要想不纠结,最重要的是放下竞争和比较的心态,做好就可以,不必强求最好。

追求"最好"的人就像一只永远无法停止飞翔的鸟,总是向往飞向更高更远的地方。

对于大多数人来说,接受自己的普通,才是对生活最大的诚意。

母亲总喜欢对我讲她过去的经历。有一次她告诉我,她儿时的梦想是成为画家,可惜当年高考的时候没有考上心仪的美术院校。而家里的条件没有办法支持她一直画画,于是她后来选择了师范专业,为了毕业之后可以尽快参加工作,补贴家用。

我问母亲:"没有实现梦想,您不觉得可惜吗?"她笑了笑,说:"努力过了就不会觉得可惜。再说,成为一个普通人也没什么不好。"

虽然母亲认为她自己很普通,但在我眼中,她是一个撑起家庭的英雄。从她身上我也明白了,凡事尽力而为,不必过分追求,做一个知足常乐的满足者也挺好。

其实在这个世界上,普通人占大多数,只有极少一部分人能成大事。挑不动一百斤的担子,那就选择八十斤的,量力而行,这才是属于我们的松弛且快乐的人生。

要留白：不要害怕浪费时间，什么都不做也可以

在现在这个时代，快节奏成了最显著的特征。我们的生活仿佛被按下了快进键，做任何事情都希望更有效率。"永不停息地奋斗"似乎成了主流的人生目标，如果一个人不把时间用来做"正事"，他的内心就会惶恐不安，感觉荒废了人生。

然而，过度自律在一定程度上会压制人的欲望，如果高度自律，欲望被压制得太厉害，反而会导致精神紧绷。

罗马时期，斯多葛学派主张，人若不好好工作，不可能拥有美好的生活。几乎每个古文明都肯定工作与休息是美好人生的必要条件,两者缺一不可:一个是生存的手段,一个赋予生活意义。而今,我们离这种智慧越来越远,因此生活越来越贫乏。

米兰·昆德拉在《慢》这本书中感叹道:"慢的乐趣怎么失传了呢?啊,古时候闲荡的人到哪儿去啦?民歌小调中的游手好闲的英雄,这些漫游各地磨坊、在露天过夜的流浪汉,都到哪儿去啦?他们随着乡间小道、草原、林间空地和大自然一起消失了吗?"

每天留出时间让自己放松下来,学会享受闲暇,你才会感觉精力更充沛、精神更饱满。古希腊人认为休息是天赐的礼物,代表最高境界的文明生活。学会休息,给生活留白,不但是一种心态,更是一种技巧。偷得浮生半日闲,会带来很多我们意想不到的好处。

偶尔虚度时光,可以减轻压力

耶基斯-多德森定律告诉我们,动机不足或太强,往往会产生负面效果，而适当地放松则会收获意想不到的惊喜。

"我想和你虚度时光，比如低头看鱼/比如把茶杯留在桌子上，离开/浪费它们好看的阴影/我还想连落日一起浪费，比如散步/一直消磨到星光满天……"这是李元胜在《我想和你虚度时光》中写到的诗句，诗中这些做法看似"虚度时光"，其实都能帮助我们缓解压力，给我们带来精神上的慰藉。

放松会带来灵感

每个人可能都有类似的经验：白天盯着一个问题苦思冥想也毫无头绪，晚上边洗澡边哼着歌的时候却突然有了眉目。

很多情况下，当人放松的时候，创意往往就产生了，也就是我们所说的"灵光一闪"。尤其是很多需要创意的行业，疯狂的头脑风暴不一定能碰撞出一个好点子，偶尔转移一下注意力，灵感或许就在不经意间悄悄地潜入了我们的大脑中。

享受闲暇，也是一种自我关怀

有的人为了更好地完成工作，会主动或者被动地舍弃休闲的时间，这样做看似会带来更多的价值，但却忽略了可能对精神上带来的损害。

片刻的闲暇时光让我们与工作和生活中的琐碎之事隔离开来，让我们有机会倾听自己内心的真实需求，不至于在忙忙碌碌中迷失了自我。"当布谷鸟在橡树的浓荫中歌唱，春天出行的人们不由得心花怒放。"试试吧，关掉手机，为自己打造一个理想的周末清晨，没有接踵而至的消息，没有需要及时回复的客户邮件，迈着不疾不徐的步子，在幽静的树林里温习那些快要被遗忘的草木的名字。

偶尔虚度一下时光，让自己舒展内心。这不是反对努力，而是为了在暂停的时间里获取更多的能量，从而更好地走向远方。

仪式感：
学会庆祝平凡日子里的美好

几年前，韩国拍过一则广告短片，名为《30天的约定》。短片的情节很简单，一对夫妻被婚后琐碎的生活消磨了激情，不再像婚前那般热烈而频繁地表达对方的爱。丈夫不堪忍受，提出了离婚。面对丈夫的提议，妻子没有立刻答应，她想了一夜，第二天早上对丈夫提出了一些要求。

妻子希望丈夫在接下来的一个月

内完成她要求做到的一些事情，如果做到了就在离婚协议上签字。丈夫虽然不理解妻子的意图，但还是答应了。他想："反正30天后，一切就结束了。"

接下来的30天，妻子每天都对丈夫提出了相同的要求：抱她、亲她、和她牵手、对她说"我爱你"。第一天，丈夫表现得有些扭捏，他去牵妻子的手时就像是触了电，刚一碰到就缩了回来。不过，随着时间的流逝，两个人之间的亲昵互动越来越自然。

期限到了，两个人已经找回了之前忽略的关心。他们这才发现，原来不是没有爱了，而是缺少了生活的仪式感。当人对生活中的一切都习以为常之后，就容易失去感知珍贵的能力。

和在英国旅居的朋友聊天，她笑言："大概没有比英国人更注重仪式感的了。来这里几年，学了一身庆祝的本领。"

她告诉我，如果儿子哪一天在幼儿园得到了老师的奖励，即使是一个口头称赞，她也会花心思做一些儿爱吃的东西，在圆盘上摆出漂亮的形状，并且在圆盘中间放一根彩色蜡烛。她会像举办生日派对一样，关上灯，点上蜡烛，隆重地庆祝儿子取得的小成绩，而这些美好的时刻也会用摄像机记录下来。

我问她："那你喜欢这种仪式感吗？"她说："刚开始有点不习惯，但是慢慢就接受了。我现在觉得，正是那些看似无用的细节，让我感受到了生活的趣味，成了热爱生活的浪漫主义者。"

什么是仪式感？小王子问过狐狸这个问题。狐狸是这样回答他的："它会使某一天与其他的日子区别开来，使某个时刻与其他时刻不同。"

对于"仪式"，加州大学伯克利分校的心理学教授达契尔·克特纳给出了这样的解释："通过有意义的方式与他人相处，找到能整理生活的仪式。研究表示，这会增加一个人的幸福感，带来更多的快乐，甚至能让人的寿命延长十年。深刻的联结以及融入社群的感觉，能够降低与压力相关的皮质醇指数。这种联结的感觉能活化大脑中有关奖励和安全的回路；它们能活化神经系统中某个被称为迷走神经的区域，该区域会减慢我们的心血管系统衰老并让我们向他人敞开心扉；它们还能导致催产素的释放，催产素是一种促进合作、信任和慷慨的神经化学物质……"

如此看来，小小的仪式中的确蕴藏着不可忽视的力量。在诺贝尔奖颁奖典礼上，聂鲁达发表了精彩的演说："……我们能够笨拙地跳舞，忧伤地唱歌——这舞或这歌，完美地体现了人类有意识以来最古老的仪式，表达了人类的良知和对共同的命运的信念……"

作为一种象征手段，仪式让过去与现在、人与人、人与社会之间建立了联结。不论是婚礼、生日派对、拥抱，还是买一束小花、睡前互道一声"晚安"，或大或小的仪式，使看不见的浪漫与爱变成了可见的行为或物品，让琐碎的日常变成了充满感动的细水长流，为平淡的生活赋予了不平凡的意义。置身这样的氛围，自然就能拥有松弛感。

把生活过成诗是无数人的理想。然而大多数人认为，只有赚够了钱，才有底气去追求这种理想的生活。可是，钱能影响生活，但并不能决定生活的样子。

认真地准备早餐、化个精致的妆容、临睡前给孩子读一则童话、在结婚纪念日给爱人送一捧绽放的玫瑰、逢年过节为亲人和朋友用心地准备一条祝福短信或者打个电话……一个小小的仪式，就能闪烁出如诗般美好的光芒，照亮我们的人生。

别嫌麻烦，试着在生活或工作中增加一些仪式感吧。

保持热爱：喜欢的事持续做，讨厌的事让它变简单

没看《撒哈拉的故事》之前，我以为沙漠的生活是枯燥的、无聊的。看了之后我才知道，沙漠中的生活充满了浪漫和乐趣：沙漠里发现的骆驼头骨可以是最独特的结婚礼物；一把香菜就让草编的阔边帽子成了别具田园风味的礼帽；没有车，那就穿过漫漫的黄沙，徒步走到领结婚证的地方，顺便还能欣赏沙漠的美景……

三毛和荷西真的是一对灵魂伴侣，当三毛说想去撒哈拉的时候，荷西二话不说就先找了那边的工作，随后三毛也跟着过去了。大概是因为他们都心怀热爱吧，无

论经历多么曲折，无论生活多么窘迫，也没有被磨灭初心，依然让生活充满了爱和温暖。

热爱是生活最好的调剂，它能让人产生内驱力，既享受做事的乐趣，又获得不可思议的成长。心怀热爱的人往往更容易活得松弛。

美国著名的画家摩西奶奶在76岁的时候拿起画笔，开始探索画画之路。不曾学过专业技术的她，用手中的画笔天真无邪地勾勒涂抹。是热爱让她爆发了惊人的潜力，在往后的20多年里创作了1600幅作品。

她说："不要惧怕未知的明天，找到自己喜欢做的事情，并且坚持做下去，从中获得乐趣，这样的人生自然是美好而愉悦的。"摩西奶奶的经历鼓舞了无数人。

我曾经读过一篇关于马未都先生的文章。马未都年轻的时候，在一家工厂里当机床铣工。那时候，他每天干完活之后就会跑进图书馆，读名著、读所有他感兴趣的书。偌大的图书馆常常只有他一个人。他在工厂里干了五年，就这样过了五年，没正经上过学的他靠热爱与坚持完成了自我教育。1981年，马未都写出了《今夜月儿圆》，并且发表在《中国青年报》上，自此有了名气。

人是趋乐避苦的。真正热爱的事情自己会主动去做，而不爱的东西，就算外界逼迫也没用。如果遇到不想做但不得不做的事时，有没有什么办法可以让我们更从容地面对和处理呢？

首先，将不喜欢的事情转化成积极的目标。

学医的堂弟向我诉苦，他已经读到研究生的最后一年了，为了直博进了实验室，可是现在感觉自己坚持不下去了。他说："实验室里太枯燥了，我真想转行算了！"

"成为医生不是你的梦想吗？"我问他。

"是啊，我喜欢临床专业，那让人很有成就感。但现在只能做一些毫无兴趣的事情，太难受了。"

"可是，进实验室不就是为了最后成为医生吗？"

堂弟冷静了下来。"成为医生"这个理想给"做实验"这件他讨厌的事情赋予了意义，他觉得自己愿意沉下心来，为了实现自己的理想而继续完成没做完的实验。

当你讨厌一件事情的时候，你会感到烦恼，又因为烦恼而加深了这种厌恶，这是一种恶性循环，也是一种精神内耗。与其让自己在烦恼的深渊中沉沦，不如试着将其转为积极的目标。

其次，用让自己快乐的方式完成。

我们无法预知未来，但可以把握当下；我们无法改变天气，但可以调整心情。当面对必须做的事情时，我们也可以转换思维，选择用让自己快乐的方式去完成它。

举一个最简单的例子，当你不喜欢死记硬背的时候，可以把要记忆的内容变成口诀，这样记起来既轻松又高效。

不畏变化：
在改变中获得生活的选择权

我们每个人的生活都在不可避免地不断发生着变化，从小孩长大为成人，从学生变为社会人士，从单身青年变为某个人的丈夫或妻子，从父母的孩子变为孩子的父母……不松弛的人往往一遇到变化就方寸大乱，因为变化打破了他原有的生活秩序。但松弛的人稳如磐石，坦然地迎接变化，心力充沛地面对所有事情。

1974年，东京的某条街道上多了一间名为"彼得猫"的爵士乐咖啡馆，店主是村上春树，他和妻子用辛苦打工攒下来的钱和找朋友东拼西凑借来的钱才把店开了起来。他们白天卖咖啡，晚上卖酒，努力地经营着小店的生意。或许如果日子一直这样下去，这个世界上会多一个或许像星巴克那样的连锁品牌咖啡馆。

几年后，4月的一个下午，村上春树在球场观看棒球比赛。在看到运动员用棒球棍棒击中棒球的一瞬间，村上春树的脑海里闪现出一个念头："没准我能写小说！"既突然又毫无征兆。村上春树没有轻易放过这个念头，从那之后，他的生活发生了变化——除了卖咖啡，还要抽时间写作。半年之后，《且听风吟》横空出世，村上春树也因为这部处女作一举获得日本群像新人奖。他正式踏上了写作的道路。

村上春树用实际行动让不起眼的念头成为人生的转机，从一个小店主变成了蜚声文坛的作家。或许，这一切可以用他自己的话来解释："不必太纠结于当下，也不必太忧虑未来，当你经历过一些事情的时候，眼前的风景已经和从前不一样了。"

有意义的成长总是在变化中发生，变化是推动人生前进的力量。

每个人都有"自我的疆界"，也就是对外界事物的控制范围。如果总是将外界的变化视为威胁，那么这个人就会倾向于缩小自我的疆界，故步自封；反之，如果一个人能够打破认知的牢笼，那么他的自我疆界就会越来越广阔。

比如有的人原本工作得好好的，却突然收到了调岗的邮件通知。一时间，他的脑子里冒出各种各样的想法："难道我之前的工作出了问题？""为什么把我换到另一个岗位？会不会过几天就把我开除了？"突如其来的变动让他们的思绪变得混乱，他们甚至会全盘否定自己的努力。

与其害怕变化，不如拥抱变化。

三年前，小米就接到了一封调岗的邮件。当时，她刚刚因为销售业绩突出而被升为部门主管。谁知，她刚把新办公室布置好就接到新的通知，公司希望她去外地设立的分支机构当负责人。小米知道这是一个机会，不但可以证明自己的能力，而且如果做得好，日后的职业发展也更顺利。可如果去的话，意味着一切得从头开始。小米有点纠结，虽然她没有什么情感上的牵绊，但是对于去陌生的地方还是感到不安。

思来想去，小米接受了公司的安排。刚开始的时候，因为她是"空降"的领导，团队的成员对她都不服气，项目也无法顺利地推进。那段时间，小米好几次都很后悔自己的决定，甚至想打道回府。好在理性的思维占了上风，小米在心里一遍遍地告诉自己："不能退缩！"她亲自去跑业务，不到三个月就为公司开发了一个大客户，用过硬的能力征服了一众员工。小米有了信心，在她的带领下，分公司的业绩也不断攀升。自此之后，当生活或工作再发生变化的时候，小米不再犹犹豫豫、畏首畏尾，而是敢于接受挑战，因为她知道，每一个变化都代表一次选择，会带领她成为更理想的自己。

人的一生就在成长中不断地发生着变化，终有一天回首时，你会发现，曾经的每一次蜕变，都是在推动着你向前成长。

享受独处:孤独不是逃避,是建立自己的宇宙

梭罗在 28～30 岁时迁居到瓦尔登湖畔的小木屋,一个人生活,写出了影响力跨越时代的《瓦尔登湖》。他说:"我喜欢独处,我从来没有感到有伴相处会比独自相处这么自如。"

木心20多岁时辞去城里的工作，钻入僻静的莫干山，在那里一住就是半年。他每天读书、写作，等到下山时，箱子里多了几册厚厚的书稿。对于这段孤独的生活，成名后的木心给出了肯定的评价："很多现在的观点，都是那时形成的。"

自由攀登运动员汤米·考德威尔说："独处对我的意义在于，让我静静地把生活的碎片编织到一起。……我人生中所有最重要的决定都是在独处中做出的。所以如果我正面临重大抉择，我就会创造独处的机会。"

有时候，孤独不是逃避，而是建立自己的宇宙。

上学的时候，我们忙着玩耍，努力读书；毕业后，我们忙着工作，从升职加薪中获得成就感；结婚后，我们又马不停蹄地生孩子、照顾孩子、赚钱养家……人生一路走来，总是有不同的任务需要完成，我们有多少时间是真正在和自己相处呢？

从幼年到成年，一个人需要不断地自我了解和完善认知，其中必不可少的就是独处。有人认为孤独是可怕的，其实真正可怕的是不敢面对独处，优秀的人往往会从独处中获得成长。独处是一个人最好的修行。

我们独自来到这个世界，离开时也是孑然一身。人生本来就是一个人的旅程。

电影《风雨哈佛路》是根据真实的故事改编的。女孩莉丝是不幸的，她出生在贫民窟，从小就没有感受到家的温暖：父母酗酒、吸毒，她15岁那年母亲死于艾滋病、父亲去了收容所……生活的苦难让莉丝似乎看不到人生的希望。

可是，莉丝没有自暴自弃，她开始拼命学习，只用两年的时间就读完了高中四年的课程，并且每门功课的成绩都很优异。17岁那年，她获得了《纽约时报》的奖学金，进入了哈佛大学，开启了全新的生活。

莉丝又是幸运的，因为她很早就清醒地意识到，在走向哈佛的这条风雨路上没有别人，只有她自己，她必须做一个孤勇者，不断地给自己鼓励，朝着梦想前进。

我见过身边许多人，活了小半辈子，仍害怕独处。

我有一个女性朋友小梅。她每次刚分手，就急着进入下一段关系。她说，她怕极了一个人待着，而且她感觉，自己一个人什么事情都做不了；只要跟其他人在一起，她就可以获得勇气。以前，她跟着男友挑战重装登百岳。但自从跟男友分手后，她的梦想就搁置了，她觉得自己一个人肯定无法完成。

最近，她自己一个人，背了行囊，成功地登上一座海拔 4000 米的高山。登顶后她才发现，恐惧是自己想象出来的。她以为自己需要依靠他人才有力量，其实力量一直都在。如今，她再也不需要别人给她勇气了，她自己就可以给自己勇气，去实践很多梦想。

生命就像坐火车一般，总是经过一站又一站，有些人中途上车，有些人中途下车；有的人陪你久一点，有的人可能只是陪你坐了一站；有的人让你快乐，有的人让你获得启示……有时候，生命列车里只有你一个人，你觉得自在还是孤单，取决于你独处时的心态和你面对独处的人生态度。

英国心理学家唐纳德·温尼科特认为，一个人能否坦然地独处，代表着他是否成熟。一个成熟的人，能够妥善地区分自我与世界，拥有与自己融洽相处的能力。

我们与其为孤独所困，不如培养独处的能力。

可以在清晨去公园里慢跑，让身体从运动中逐渐苏醒并获取力量；可以在忙碌了一上午之后品一杯咖啡，看看书或者窗外的风景，让繁杂的思绪平静下来；还可以给自己安排一场说走就走的旅行，去郊外或者另一个城市，用独处换来更大的自由……当你真的找到了自己的节奏，你就会发现，独处也能带来内心的快乐与充实。

意识到每个人都是一个人，才能够活出松弛的人生。愿你有能力在独自一人的生活里享受生命的美好。

CHAPTER

04

平衡职场：
寻求持续的职场自由

最佳的工作状态
就是忙时全心投入，
闲时松弛有度。

正向思考：积极的情绪，才会产生积极的行动

在古希腊神话中，西西弗斯因为绑架死神而受到众神的惩罚——让他将一块巨石从山脚推到山顶。山路崎岖，西西弗斯好不容易把巨石推到山顶，可是刚到山顶，巨石就在自身重量的作用下冲到了山下。西西弗斯无奈地重新开始从山脚下推动巨石。然而，巨石被推到山顶后又滚了下去，一次又一次，西西弗斯的努力全化为了泡影。西西弗斯只好日复一日地重复着这项艰苦的工作，徒劳且毫无希望。

其实在工作中，每个人都会面临西西弗斯式的困境。

当你面临困境时，会怎么处理呢？

某个部门来了两个新同事，暂且称呼他们小 A 和小 B 吧。

小 A 很快熟悉了工作流程，接手上一任离职同事的工作。他做起事来总是一副不情不愿的样子：埋怨前同事留下了一堆烂摊子；认为自己还在试用期，工作能少做就少做；吐槽公司的制度太呆板；领导安排的工作有难度，他觉得自己还是新人，做不了……

小 B 则和小 A 完全不一样，他不但积极地承担领导安排的工作，而且能提出自己的思考和见解。即使偶尔需要加班，他也毫无怨言，总能认认真真地完成交代给他的任务。

毫无疑问，最后公司留下了小 B。

很明显，小 A 习惯于负向思考，小 B 习惯于正向思考，他们给周围人留下了完全不同的印象。由此产生的结果是，负向思考出局，正向思考则有无限可能。没有谁的职业生涯是一帆风顺的。学会用积极的态度去面对工作中的难题,才有可能实现新的成长。

美国的科学家曾经做过一项实验:研究人员准备了两组词,其中一组词是"满怀期待""嫩叶""未来""健康""好友"等,这些词听起来充满活力,容易和年轻人联系起来;另一组词是"白发""拐杖""皱纹""无法动弹"等,这些词符合老年人的特征。研究人员找来12名受试者,将他们分为4组,并请他们分别用这两组词造句。研究人员还要求,受试者写完句子后需要从当前的房间移到另一个房间。

结果显示,使用"容易联想到年轻人"词组的受试者比"容易联想到老年人"词组的受试者到得早,而且他们的走路速度也比另两组受试者更快。

我曾经看到一句话,"思想是属于自己的乐园,它可以把天堂变成地狱,也可以把地狱变成天堂"。实验中的受试者为什么会出现这样的差距?这和人的思维分不开。积极的思维推动人前进,披荆斩棘;消极的思维会使人的行动力降低,畏首畏尾。

若一个人负向思考成习惯,就容易害怕失败。一旦对失败的恐惧淹没了我们,松弛就难成为可能。让正向思考成为习惯,把"错误"或"困难"当成新发现,那么我们便乐于尝试新行为,会给工作带来新的收获。

如果你想养成正向思考的习惯,可以从以下几个方面来反复进行训练。

停止自我怀疑

比如向领导汇报完工作后,心情十分忐忑,不知道会得到什么样的评价。出了领导的办公室后,你的脑海里一直想着这件事情,心情也越来越紧张,无心工作。这就是一种负向思考。

你可以多进行几次深呼吸,或者看看窗外的风景,转移一下注意力,将自己从糟糕的假设里解救出来。

将错误看成改进的机会

人类天生对错误十分敏感。错误不意味着失败,成大事者会将错误视为成功的必经之路。对于错误，我们有必要保持开放的心态来看待。

桥水基金是世界上数一数二的对冲基金公司，作为其创始人，瑞·达利欧被称为"投资界的史蒂夫·乔布斯"。有一次，一个交易员忘记把客户的钱及时投入交易，给客户和公司带来了巨大的损失。原本瑞·达利欧计划开除这位员工，可是他经过深思熟虑后，并没有这么做。

从那之后，瑞·达利欧建立了一个"错误日志"，要求员工把发生的错误和造成的后果记录下来。在这本日志的激励和督促下，桥水基金不断完善交易制度和流程，使工作变得更有成效。

有的人会质疑，为什么不开除那名犯错的员工？瑞·达利欧的解释是，如果开除了那位员工，就表明公司不能容忍错误的存在，这样一来，之后有员工犯错就会想办法掩饰，很可能会带来更大的损失甚至是毁灭性的后果。

拓宽自己的视野

在职场上,如果一个人不善于学习,不仅对与本职工作相关的知识兴趣寥寥,也不愿意涉猎其他领域的知识,那么他的视野就会越来越狭窄,很容易在工作上遇到瓶颈。

工作就是会不断地面对新的挑战,如果视野不开阔一点,遇到新挑战就会束手无措。所以说,一个人成败的关键往往不在于努力的程度,而在于见识的高低。

关于拓宽视野的方法,有很多,如读书、接触不同的人等等。但要记住的是,只有坚持下去,才能突破自己固有的模式。

时间管理：
掌握方法，让效率翻倍

简晨在一家贸易公司做销售助理，每天忙得不可开交。她有一套自己的做事方法：上班之前先列一份任务清单，把当天要完成的工作逐一写下来，每完成一项任务，就从清单上划掉一项。可计划得再完美，工作的完成情况总是不尽如人意，因为总是有各种各样的突发情况，导致她无法按时完成任务。

制订了完美的计划，可真正工作的时候又总是被打断；明明知道哪件事情更重要，却总想做那些容易的事情；被工作追着跑，常常不得不把工作带回家才能完成，

让自己筋疲力尽……对于职场人来说，学会时间管理是一种刚需。

每个人拥有的时间都是相同的，然而，每个人在24小时内做出的成果却天差地别。因此，管理时间是一门艺术，掌握了这门艺术，就可以突破有限的资源，实现更高的产出。

为工作做减法

如何避免让不重要的事情占据自己的时间和精力，我认为最有效的方式就是四象限时间管理法，即把自己要做的事情按照重要且紧急、重要但不紧急、紧急但不重要、不紧急且不重要这四种进行分类，然后找到自己需要优先做的事情。

时间管理需要"舍"的智慧，我们应该把工作量控制在能够承受的范围内，否则就会因完不成工作而陷入焦虑的境地。

培养对时间的觉察力

我有一个朋友坚持每天写文章。有一次我问她，一天大概能写多少字。她说不知道，因为她并没有把写作当成主要的赚钱渠道，再加上经常有别的工作安排，所以没有要求自己每天必须写多少字。她说，每次写文章之前，她都得花一点儿时间"找找灵感"，不然就动不了笔。

但我对于自己写作的效率十分清楚：我一般每天写三千字左右，六千字就是极限了。因此，每当和编辑约定交稿日期的时候，我都会快速地给出一个确切的日期，并且保证自己如期交稿。

培养对时间的觉察力,有助于将精力引导到工作上,让时间掌控在自己手里,而不是被时间控制。

你可以在每天工作快结束的时候,记录下当天所做的事情和大概花的时间,看看自己的安排是否合理,进而分析如何更好地提高投入产出比,以便日后改进。

一次只做一件事

彼得·德鲁克在《卓有成效的管理者》这本书中写道,"卓有成效的管理者总是把重要的事情放在前面先做,而且一次只做好一件事"。

人的确有在同时处理几件事情的能力,例如一个技艺纯熟的杂技演员,可以轻轻松松地用双手同时抛掷七八个球。有些人为了在短时间内完成更多任务,会选择多线开展工作,比如一边写文案,一边写总结,同时还回复工作群的消息。看起来这样似乎更省时间,但其实在做这些事情的过程中,人的精力被分散了,很可能什么事情也做不好。

厄尔·米勒是美国麻省理工学院的神经科教授，他曾经通过一项研究发现，如果人同时做两件事情，大脑会将这两件事情视为两个独立的任务，并安排不同的大脑通路执行。当人把注意力更多地放在其中一件事情上时，对另一件事情的关注就会自动减少。而且大脑在切换任务的时候需要消耗能量，切换得越频繁，能量消耗得越多，进程就越缓慢。

因此，比起同时进行多个工作任务，一次只做一件事的效果是最好的。

进行深度工作

几乎所有成大事的人都有深度工作的习惯，他们会专门留出一段时间来做重要的事情。

村上春树的不少作品被奉为经典，他的习惯是每天写作至少三小时，如此笔耕不辍地坚持了几十年。

斯蒂芬·金的大部分作品都被改编成了电影，其中最有名的是《肖申克的救赎》。他在《写作这回事》里谈到了自己的工作习惯。他说，一旦自己开始写某本书，就会每天都写，而且会把自己锁在房里，不写够一定的字数就不出来。

在需要专注工作的时候，你可以关闭手机（如一小时，根据自己的需要确定），避免被微博、微信等消息打扰；如果有同事找你帮忙，在非必要的情况下，要敢于直接明确地拒绝，确保自己的时间不被打扰。

《如何有时间成为自己》这本书中有一句颇有哲学意味的话：管理时间，意味着管理生命的意义。的确，我们管理时间并不是单纯地为了管理工作任务，让自己的安排更紧凑，而是为了用最短的时间达成目标，让自己的人生更丰富之余，还可以享受那一份松弛与悠闲。

心流状态：
全心投入，找到工作最佳状态

或许你上班的时候有过这样的经历：一坐到工位上就打开电脑，准备开始一天的工作。你觉得口渴了，于是拿起水杯去接了一杯水。再次坐下来之后，你滑动鼠标，寻找自己需要的那份文件，可是不知不觉就漫无目的地浏览起新闻来……就这样过了两小时，也没有真正开始做今天的工作。到下班的时间了，原本今天要完成的任务还有好几项没有做完，你的心里很是懊悔。

怎么改变这种情况呢？那就是让自己保持专注。专注力是我们用来完成工作最强大的工具。最佳的工作状态就是忙时全心投入，闲时松弛有度。

在心理学上，人处于专注的状态时被称为"心流"。这个词最早是由心理学家米哈里·契克森米哈赖提出的，他在《发现心流》这本书中解释道，"心流可以让人全神贯注在明确、相容的目标上……让人知道自己究竟做得好不好，你可以在完成每一步骤后，立刻判断自己是否有所改进"。

你可以回忆一下，自己在看电影时是否会完全被吸引住，沉浸在剧情里面。这就是一种心流体验。

你玩过游戏吗？尤其是不断通关的游戏，当你开始第一关后，就难免想一鼓作气玩到最后。等到你真的通关了，一种酣畅淋漓的愉悦之感则会让全身立即放松下来。玩游戏时的忘我状态也是一种心流体验。

我曾经看过一篇关于"中国植物画第一人"曾孝濂先生的报道。他一辈子只做了一件事——为自然万物画像。曾孝濂笔下的树叶，每片叶子的叶脉都清晰地展现出了层次；他画的花朵，花蕊根根分明，可以数出具体的数量。在中科院昆明植物研究所工作的 40 多年，曾孝濂画过上万种植物。

"既然喜欢它，我就要做好它。"曾孝濂为了画一朵山茶花，从早上一直画到中午，一连几个小时全身心地投入画画，不喝水也不上厕所，真正进入了"心流"的状态。

当人们在做自己喜欢的事情的时候，更容易进入"心流"状态。在"心流"状态下，那些看似不可能完成的任务也可能毫不费力地完成。可以想见，如果我们工作时也能获得"心流"体验，那么就容易战胜拖延或抗拒的心理，从而极大地提高效率。有些人会觉得，进入这种状态太难了，但其实只要明白了它的原理，我们就可以通过一些练习让自己更容易进入"心流"状态。

关注工作的价值，培养认同感

发展心理学家皮亚杰认为，拥有一个可以获得满足感的目标，是一个人走在良好的发展轨道上的重要条件之一（另外一个条件是拥有鼓励人发展的社会支持系统）。

当一个人发现自己的工作有意义、有价值的时候，能够获得一种升华感，并且产生继续做下去的动力。而对于一些缺乏意义感的工作，有的人会选择消极抵抗，也就是"摸鱼"。但其实一个人的工作到底有没有意义，和自己的态度有很大关系。一个打扫卫生的保洁，若把为人类创造更美好的环境作为工作目标，无疑把一份普通工作转化为了天职。

人称"茶水阿姐"的杨容莲曾在第37届香港电影金像奖典礼上获得了"专业精神奖"。她的工作是在电影的拍摄现场给演员和其他工作人员端茶、发盒饭等。就是这样一份看起来很不起眼的工作，杨容莲却用心把它做到了极致：她会记住现场每一位工作人员的名字以及口味特点，安排的餐食和饮品总是恰到好处。

把不起眼的工作变成优势，是对自己最大的尊重。

化整为零，将大目标拆分成小目标

山田本一是日本的长跑运动员，曾经连续在两届国际马拉松邀请赛中获得冠军。他每次比赛之前都会事先熟悉路线，并且根据沿途的建筑或其他标志，将长长的跑道划分成若干段比较短的路线，比如第一段是从起跑点到博物馆，第二段是从博物馆到银行，以此类推……就这样，他每跑完一小段，就会增加一点成功的信心，进而轻轻松松地就跑完了全程。

将行动与小目标一一对应起来，不但能降低难度，获得自信，还能帮助我们清晰地知道自己与最终目标之间的差距，从而更好地实现目标。

用宽容的态度对待"走神"

有科学研究发现，一个人的注意力是有限的，当人坐在电脑前工作时，平均能保持 40 秒的注意力。有的人可以保持更长时间的注意力，但这也只是时间长短的问题，都会因为别的事物而分心。

当你发现自己走神了，与其苛责自己，不如暂时放下手上的事情，活动一下肢体或是放空思绪，等到自己回神后再继续投入工作。

以终为始：
关注目标和结果，逐步成事

主管匆匆地走进办公室，给手下几名员工安排新的任务。他让小张负责制订本月的销售计划，让小李负责执行，让小王负责接待客户。交代完这些事情后，主管又匆匆地走了，只留下一头雾水的员工在办公室里，不知道该怎么开展自己的工作。

这个主管最大的问题就是没

有给员工树立一个整体的目标。就像一艘停靠在港口的货轮，如果不知道目的地，又怎么能及时地把货物送到需要的人手上呢？

史蒂芬·柯维在《高效能人士的七个习惯》中提出要"以终为始"，他说："以终为始，说明在做任何事之前，都要先认清方向。这样不但可以对目前处境了如指掌，而且不至于在追求目标的过程中误入歧途，白费工夫。"也就是说，"以终为始"要求人具备全局观，不能将目光仅仅停留在是否完成任务上。先确定目标，然后以目标为出发点来规划行动。很多时候，我们面对眼前的工作感觉无从下手，其实就是缺乏"以终为始"的思维能力。那么，如何才能做到"以终为始"呢？要记住下面几个关键点。

锁对目标，不要迷失在复杂的环境中

文坛巨匠托马斯·卡莱尔说过："一个人没有目标，就像是一艘船没有舵。"在职场上，判断一个人能力大小的标准就是有没有达成既定的工作目标。因此，"以终为始"的关键之一就是确定目标,只有锁对了目标,才能朝着正确的方向努力。

有战略思维,制订合理的计划

制订计划的时候可以采用"以终为始"的逆向思维。具体的方法就是,从目标出发,倒推实现这个目标需要做什么,然后倒推做到这一点又需要在前一阶段做什么……如此,一步步地将大的目标细分成小的目标。

要注意的是,如今的环境充满不确定性,在制订计划的同时还要做好规避风险的准备。

坚持不懈,从量变到质变

成功的人,一旦开始做某件事,就会坚持不懈地追求下去。

巩立姣三战奥运会都无缘金牌,但是她始终没有放弃,最终在第四次征战奥运会时,用 20 多年的训练换来了梦寐以求的金牌;苏翊鸣为了掌握一个新的难度动作,可以一整个夏天都练习这个动作，18 岁的他成了中国最年轻的冬奥冠军；全红婵 7 岁进入体校练跳水，从来没有因为遇到了困难而放弃成为奥运冠军的目标，苦练 7 年后，以惊人的五次跳跃三次满分的成绩站在了奥运赛场的最高领奖台上……

做任何事情都没有捷径，用坚持不懈的态度完成从量变到质变的过程，才能换来安心和底气，让人生更加熠熠生辉。

松弛感来源于足够的自信。以终为始，逐步成事，看到自己的潜能，继而人就松弛下来了。

不必设限：
向上成长，才能有职场自由

很多人在刚踏入职场的时候都是意气风发、信心满满的，可是有的人工作了一段时间之后就产生了倦怠的心理。你可以想一想，自己在日常工作中有没有出现过下面的情况：

- 每天忙忙碌碌的，好像做了很多事情却没有什么成就感。
- 想到要上班就情绪低落，对工作完全提不起热情。
- 经常加班，几乎没有自己的时间。

如果你有以上这些情况，那么你很可能已经陷入了职业倦怠。

但是，人生不可能因为倦怠而停滞，工作也不能因为倦怠就完全放弃。开过手动挡汽车的人应该都知道，汽车在一挡转换至二挡的一瞬间，转速会先停滞甚至下降，转挡后，转速才会上升并同时拉升车速。人生亦如此。

"世上唯一的不变就是变"，很多人听过这句名言，但到底要如何在自己可以接受的步调下改变并前进呢？"我该换工作吗？""我不知道如何提升自己的能力，也不知道该学些什么"……很多人在职场上停滞不前，不知如何成长，他们总会被"我不行""等我准备好了再说""我太忙了""别人会怎么想"等想法绊住脚步。这样踟蹰不前又怎么可能获得梦寐以求的松弛感呢？

文莉在一家事业单位工作了多年，收入稳定，日子过得很舒适。但是去年，文莉却突然辞职了。家人和周围的朋友都不理解：同龄人都在慢慢安定下来，她却放弃这么稳定的工作重新开始，日后一定会后悔。

可是文莉却很坚定自己的选择,她在离职后的一年中努力备考心理学的研究生,并且如愿上了自己心仪的学校。文莉说:"我是经过了深思熟虑才做出的决定。虽然我之前的工作很稳定,但是在里面待久了,我感觉自己的进步越来越慢。我很害怕这种感觉,所以必须走出去。"

我很理解文莉,她并不是放弃了自己的职业,而是在努力寻求突破,换个赛道成长罢了。

种子一旦冲破泥土,为了争取阳光,就会不断地向上生长。和植物一样,人要么不断地汲取新的营养向上成长,要么因为缺乏新的养分而逐渐枯萎、衰败。

在阅读米歇尔·奥巴马的自传《成为》时,我不断地从中获取了这样的信息:向上成长是一个人改变自己、改变命运的解药。

米歇尔·奥巴马是美国历史上第一位非洲裔第一夫人。她出生于工人家庭,从小就因为种族歧视而面临各种各样的困难。上高中的时候,米歇尔为自己设定了目标——考入普林斯顿大学。有的老师认为米歇尔不可能做到，可米歇尔没有因为老师的话而丧失斗志，反而更加疯狂地投入学习。

功夫不负有心人，米歇尔拿到了普林斯顿大学的录取通知书。在大学期间，她依然努力地达成一个个目标。凭着自己的努力，米歇尔又申请到哈佛大学的法学院攻读博士。这意味着她拥有了选择工作、选择人生的自由，而这都是她一路不断向上成长的结果。

米歇尔从哈佛大学毕业后就进入了一家知名的律师事务所。

一切如米歇尔自己所说，"当他们堕落时，我们应走向更高处"。

人的一生就像一场极限生存挑战的游戏，我们需要不断地突破自身能力的极限，向上成长，才能更好地适应瞬息万变的环境。

学会复盘：不断迭代，别让努力都在低水平重复

松弛感是一种力量，在心力强大的人身上更容易体现出来。尤其在职场上，越强大，越松弛。

身在职场，你是否有过下面的困惑：

- 为什么有的人工作 1 年就进步神速，甚至抵得上别人工作 5 年的成绩？
- 为什么有的人即使工作多年也没什么大的成就？
- 为什么有的人总是会犯相同的错误？

这些情况往往都是因为没有复盘造成的。工作能力越强的人，越懂得如何复盘，并因此让自己的能力也获得质的飞跃。

做任何事情都是如此，如果不及时反省、改进，哪怕进行了一万小时练习，也只是低水平重复。复盘，原本是围棋的术语之一，指下完一局棋后，按原先的走法再摆一遍棋子，目的是找到对手招法的优劣，进而提升和完善自己的棋艺。

胡文曾经是一家装饰公司的新媒体运营，他成功地策划了多场引流活动，把公司的自媒体平台从零做到了拥有十几万粉丝。

前几天他和朋友见面，问了一个问题："怎么才能成功地运营一个自媒体平台？"朋友很诧异，这不像一个有相关工作经验的人的困扰。

原来，胡文最近离职了，他去一家离住的地方更近的公司面试了新媒体运营的岗位。在面试的过程中，人事总监问胡文："你是怎么做好新媒体运营的？"

如果只是说"搭建平台、做内容、引流、转化",很显然这个答案并不能令人满意。胡文一时不知道该怎么作答。

"唉!你说,我之前不管是做内容还是策划活动都得心应手,怎么到关键时刻就讲不出来呢?"胡文长叹了一口气,既后悔又无奈。

很多人在工作中遇到过和胡文类似的问题——日用而不知,只是徒劳地增加经历,却没有收获经验,形成能够指导行动的方法。之所以会这样,或许就是因为缺少了复盘的能力。

学会复盘,才有机会翻盘。

当完成一个项目后,有的人会总结自己在这个项目中做了哪些事情,哪些是好的,哪些是坏的。把总结和复盘理解为同一件事情,其实这是片面的想法。

当然,总结并不是没有用处,但是仅仅知道自己做了什么,或者哪些地方做得不好,是不够的。复盘的真正目的,不在于纠结过去做的事情是对还是错,而在于把过去的经历变成未来可以滋养自己的养分,让自己变得更有力量。

那么,如何做才能真正帮助我们更好地面对未来呢?

学会记录

这里说的记录,并不是简单地在纸上列出几点几分做了什么事情。记录的重点在于,留下有用的信息。

举个例子,开部门会议时,有人把整个会议的流程都记录下来,整理成会议纪要。这是复盘吗?不是。作为会议的参与者,个人从这个会议得到的启示才是真正有用的。

学会思考

如果不整理自己记录的信息,就相当于做了无用功。只有把自己记录下来的信息一一过目,思考它们是否能够帮助自己实现目标,这样才可以排除那些不重要的信息，保留下真正有价值的信息。

然后，从这些真正有价值的信息出发，思考自己可以从哪些方面去调整想法或行为，以达到优化工作的目的。

付诸实践

经过前面的记录和思考之后，接着就需要通过实践来验证自己提炼出来的信息是不是真的有用。

当我们学会了复盘，深入地认识自己、修炼技能，不但能力会提升，内心也会越来越强大。

CHAPTER
05

亲密关系：
活在自在的关系里

愿你懂得自爱，
也能爱人。

不讨好：
不委屈自己，不取悦他人

讨好型人格的特点是喜欢取悦别人。可是，现实不会因为你取悦了别人，就回报给你同等的快乐和幸福。更残酷的是，当我们把自己放得越低，别人往往也会把我们看得越低。越是讨好别人，别人越得寸进尺。日常社交如是，亲密关系也如是。

张爱玲遇到了胡兰成之后，张爱玲陷入这段感情旋涡，她觉得自己越来越低，低到了尘埃里。

随着日本兵败，胡兰成身负汉奸之名，他从上海逃到外地，改名换姓，还与照顾自己的护士结为了夫妇。

然而，即便胡兰成背信弃义，张爱玲依然对他一往情深，给他汇钱汇物，甚至把自己写的两部剧本的稿费三十万元寄给了他。

张爱玲与胡兰成之间的关系是失衡的，一方在极力地讨好，另一方在拼命地索取。结果呢？胡兰成不改风流的秉性，后来又爱上别的女人，并且对张爱玲没有一丝歉疚。张爱玲的百般讨好，换来的却是胡兰成的轻视。与其卖力取悦别人，不如讨自己欢喜，活得才更自在。伴侣之间最好的相处模式，就是谁也不必讨好谁，做自己就好。

我有个女性朋友曾经讲过她的困扰。她的丈夫有洁癖，不但自己每天要收拾得干干净净的，还要求家里也一尘不染，甚至连角落里也不能有一丝头发或一点灰尘。朋友很爱她丈夫，因此也就顺从他的习惯，只要在家就会认认真真地打扫，哪怕有时候加班到很晚才回家，她也会把家里先收拾好了再休息。可是丈夫总能找出她的疏漏，不是指责她没有清理干净浴室的头发，就是指责她应该把椅子上的脏衣服放进洗衣篮里。

"我是不是很邋遢啊？"这个女性朋友经常问我们这个问题，她感觉自己再怎么努力也无法达到丈夫的要求。

后来，朋友实在无法忍受，提出了离婚。恢复单身之后，她才明白，一味地讨好只是加剧了对方的控制欲，自己则被压抑得喘不过气来。自己的生活应该由自己做主，只要没有伤害别人，每个人都有选择生活方式的自由。

请时刻铭记王尔德的这句话，爱自己是终身浪漫的开始。如果一个人不委屈自己，不讨好他人，活得不卑不亢，那么一定会散发出一种令人舒服的松弛感。

界限感：
越是亲近的人，越要相互尊重

生物学家为了研究刺猬的习性，在冬天的时候把它们放在室外，刺猬们为了抵御寒冷互相靠在一起取暖。然而，当它们靠近时，身上的刺会刺伤对方，于是又不得不分开。为了取暖而靠拢，因为刺痛而分开，就这样刺猬们一次次地聚拢、分开。最后，它们终于在反复的试探中找到一个合适的距离，既可以互相温暖，又不会伤害彼此。

这就是"刺猬法则"的由来,这也适用于人际交往中,人与人之间应该保持一定的界限感。所谓界限,就是每个人能够承受的极限,简单来说就是知道什么可以做、什么不可以做。一段健康的亲密关系,最重要的是拥有明确的界限。

《我们仨》中,一天钱锺书收到了父亲的书信,父亲在信中说希望钱锺书能够放弃清华大学的工作,到蓝田教书。当时,钱锺书虽然不愿意舍弃清华大学的工作,但是觉得自己应该回家照顾年迈的父亲。

杨绛起初反对钱锺书回去,但她又不愿意违背夫妻之间"各持异议、不必求同"的约定,最后还是保留了自己的意见,选择支持钱锺书的决定。

"一个人的出处去就,是一辈子的大事,当由自己抉择,我只能陈说我的道理,不该干预。"杨绛在书里这样写道。

当我们身处亲密关系中时,常常忘记了,无论多么亲密的两个人,都是独立的个体。每个人都有捍卫自己决定的权利，每个人也应该尊重对方的决定。

中国式家庭问题的症结，往往在于父母与子女的界限十分模糊。

陆游一生以赤血热忱赋诗近万篇，他的爱国诗句，字字铿锵有力、坚强不屈，然而在爱情面前，他却输得一败涂地。

陆游与表妹青梅竹马，很快就举办了婚礼，结为夫妻。婚后，两人的生活十分美满。不料，陆游的母亲认为儿子因为沉迷爱情而荒废了学业，坚决要求陆游休妻。孝顺的陆游只好跟唐婉分开了。

一晃七八年过去了，一天，陆游在沈园游玩，意外碰见了唐婉和现任丈夫赵士程。故人重逢，陆游百感交集，万千思绪涌上心头。酒后微醺时，陆游在沈园的墙壁上题写了一首《钗头凤·红酥手》：

红酥手，黄縢酒，满城春色宫墙柳。东风恶，
欢情薄。一怀愁绪，几年离索。错、错、错。

> 春如旧，人空瘦，泪痕红浥鲛绡透。桃花落，闲池阁。山盟虽在，锦书难托。莫、莫、莫！

相传，唐婉看到这首诗后万分难过，再加上疾病的折磨，没多久就忧郁而终，离开了人世。年轻时的婚变也给陆游的心灵带来了深深的创伤，一生都难以释怀。

像陆游和唐婉这样的爱情悲剧在古代并不罕见，古代的孝道文化催生了毫无界限感的亲子关系，父母和孩子往往是不平等的。

对于父母与子女之间的关系，龙应台是这样说的："所谓父女母子一场，只不过意味着，你和他的缘分就是今生今世不断地在目送他的背影渐行渐远。你站在小路的这一端，看着他逐渐消失在小路转弯的地方，而且，他用背影默默告诉你：不必追。"父母学会放手，孩子学会独立，都不必追，这才是一个好家庭应有的样子。

人和人之间保持一定的距离，是一段关系走得长久的前提。

熟不逾矩是人际交往最好的礼仪，即便再好的朋友也离不开应有的界限感。如果觉得彼此之间十分熟悉，就以一副理所当然的态度待人，往往在无意间伤人又伤己。越是亲近，越要注意分寸。

真正成熟的人懂得互相尊重。如果关系中的双方都很自在，既不让彼此产生窒息的感觉，又各自保持独立，这是拥有界限感最好的结果，也是获得松弛感的开始。

降低期望：降低对别人的期待，找回自己的力量

莫言在《吃的耻辱》里讲述了几段吃饭的经历：

朋友请吃饭，莫言多吃了一些，结果被朋友笑话"吃的一上桌，又奋不顾身了"。事后，莫言觉得很后悔，决定再和别人吃饭的时候要抢先付账，他以为只要他先付了账，哪怕自己吃得多一点，别人也不会说什么了。

等到下一次和朋友吃饭时，莫言果真提前买了单。一群人吃饱喝足之后，莫言不忍心浪费，继续吃桌上的剩菜。没想到，又有人笑话他了，说他"非把那点钱吃回去不可"。莫言既尴尬又委屈。

又一次聚会，为了不再被人笑话，莫言提前吃了点东西。席间，他时刻提醒自己吃少一点、吃慢一点，却被人说他"假模假样的"……

简简单单一顿饭，怎么吃都不对。这是为什么呢？回答这个问题之前，我还想讲一个小故事。

希腊神话中有一个叫普洛克路斯忒斯的恶魔，他开了一家黑店，专门抢劫过路的旅人。普洛克路斯忒斯在店里放了一张铁床，所有进店的客人都会被他绑在铁床上。但凡客人的身体不符合铁床的尺寸，普洛克路斯忒斯就会把客人的腿截短或拉长，可想而知，所有客人都一命呜呼了。

很多人心里都有一张"普洛克路斯忒斯之床"，认为自己的标准是唯一的真理，期待别人也按照自己的标准来看待或处理事情。与此同时，很多人也习惯于被他人的期待所迫而不自知，在日常的生活中迷失了自己。

请你假想一个场景：你去参加一个活动，当你到达活动现场时，工作人员递给你一件印有巨大头像的T恤，并且告诉你所有参加活动的人都需要穿上这件 T 恤才能入场。

你穿上 T 恤，在工作人员的引导下进入一个房间。此时房间里已经聚集了不少人，你从人群中走过，在一个空位上坐了下来。

没过几分钟，工作人员又进来了，和你道歉，说带你进错了房间。于是，你又跟着工作人员走了出去。

其实这是心理学家吉洛维奇做的一个实验，实验中印在 T 恤上的是歌星巴瑞·曼尼洛的头像。实验人员带着被试者走出房间后，他请被试者估算房间里有多少人注意到了 T 恤上的头像，被试者自信地认为起码有一半的人注意到了，实际上却只有 23%。

可见，我们并不如自己想象的那般受人关注。

"期待"原本是一个充满希望和美好的词，但事实上，不是每个人对他人的期待都是合理的。

不确定的期待

你的理想伴侣是什么样的？你的理想生活是什么样的？面对这些问题时，有的人难以给出确切的答案，而是用"对我好""我自己喜欢就行了"等模糊的词句来描述。如果怀有这样不确定的期待，生活就像开盲盒一样，不知道迎接自己的是惊喜还是惊吓。

不切实际的期待

在《越过内心那座山》中，心理医生伊迪丝·埃格尔告诉我们，"我们总认为一切都是另一个人的错，是对方加重了我们的情绪负担，可是真正让我们陷入牢笼的其实是我们自己不切实际的期待"。

爱情让我们感到幸福，也让我们变得盲目。不少坠入爱河的人会在想象中给对方赋予一切优点，一旦对方无法做到或最初的激情消退，就会感到自己的梦想破碎了。

不合理的期待是奔向幸福路上的巨大的障碍，往往让我们无法看清真实生活的模样，只能看到被自己寄予厚望的对方在各方面都不能如我所愿。尤其在亲密关系中，如果将期待全部寄托在对方身上，就容易忽视对方的付出，给关系造成破坏性的打击。

若想提高人生的幸福感，让自己更松弛，首先就要降低期待。不必期待别人什么，也不必迎合别人的期待，所有遇见都是命运的礼物。

依恋模式：
不轻易爱，不轻易离开

谈到婚姻或者恋爱关系，很多人会使用"经营"或"维护"之类的词语，我则倾向于"选择"。无论经营还是维护，都或多或少带有两性角力的意味，但选择是平等的。你选择了怎样的人，就选择了怎样的关系；你选择了怎样的关系，就面对怎样的人生。

《人生果实》这部纪录片的主人公是一对耄耋夫妇，丈夫修一爷爷是一名建筑师，妻子英子奶奶则是一名家庭主妇，他们生活在日本春日井市的一座幽静的木屋里。

纪录片的开头是一首小诗:"风吹枯叶落，落叶生肥土，肥土丰香瓜。孜孜不倦，不紧不慢，人生果实。"整部片子也如同这首温馨而恬静的小诗，将夫妻二人充满诗意的田园生活娓娓道来：一屋二人，三餐四季，打理屋子、栽花育果、烹饪烘焙……平平淡淡的生活充满了甜蜜的细节，几十年的婚姻没有消磨掉他们之间的激情与爱，而是让他和她成为彼此相伴的知己。

英子奶奶每天变着花样地准备一日三餐，她最大的心愿就是听到修一爷爷在吃东西时说出"真好吃"这三个字；修一爷爷不善言辞，可面对镜头时脱口而出的却是"于我而言，英子是最好的女朋友"。人生如果实，其中最甜的部分一定是用心"浇灌"的爱情。

如果你看过《我心归处是敦煌》，想必也会为"敦煌的女儿"樊锦诗和丈夫彭金章之间的爱情感动。

她和彭金章从大学时相识相恋，在之后漫长的人生中，即便经历无数风风雨雨也始终相爱如初。

大学毕业后，樊锦诗和彭金章一个去了敦煌，一个去了武汉，纵使相隔万里，两颗心仍彼此惦念。几年后，他们举行了婚礼，可随之而来的是长达 19 年"长期分离，短期团聚"的日子。直到 1986 年，彭金章调到敦煌，一家人才真正地聚在一起。

在这段婚姻中，彭金章的名气不如樊锦诗，但彭金章也非常优秀，武汉大学考古专业就是由他创办的。但是为了支持樊锦诗，彭金章选择了放弃自己热爱的事业。对于这一点，樊锦诗大为感动，她说："我最感激老彭的就是，他在我还没提出来的时候，自己提出调来敦煌。……他知道我离不开敦煌，他做出了让步，如果没有他的成全，就不会有后来的樊锦诗。"

樊锦诗和彭金章之间从来没有说过"爱"字，但他们用相濡以沫、不离不弃的行动诠释了什么是真正的"爱"。

爱最能让人放松，但爱有千般面孔，人与人之间的爱各不相同。当我们学会"爱"这个字的时候，当我们第一次爱一个人的时候，好像都低估了爱的难度。

在《亲密关系与情感依赖》中，将一个人在亲密关系中的表现分为三种类型：焦虑型、安全型和回避型。

焦虑型：黏人，常常表现得十分亲昵，对伴侣的一举一动都十分敏感；得到他人认可的时候会感到满足，得不到认可的时候会感到焦虑和忧心。

安全型：即享受恋爱中的亲密无间，又不会因为伴侣的行为而过分担忧，在恋爱中感到很自在、安心。

回避型：过分重视自我的独立，不愿意对伴侣完全敞开心扉，也不轻易表达自己的脆弱和喜悦，常常表现得冷漠和疏离。

看得出来，只有安全型的人最有可能收获稳定的亲密关系，而焦虑型和回避型的人内心往往有一种微妙的矛盾感，无法安心地依恋他人。为什么常常渴望亲密，却又与人保持距离？明明需要亲密关系，却又害怕面对它呢？马修·凯利在《爱与被爱的艺术》中给出了答案——之所以逃避亲密，是因为亲密接触将会让我们的隐私暴露无遗。

愿意展示真实的自己，是我们送给另一方最好的礼物，也是获得稳定的亲密关系的秘诀。

和对方分享自己的经历

还记得《寻梦环游记》吗？每当 *Remember me* 的音乐响起，我就不禁动容。电影里说：最可怕的不是死亡，而是被遗忘。记忆，是我们在这个世界上存在的证明。

如果亲密关系中的双方不互相了解，二者之间就容易出现裂痕。只有和对方分享自己的人生经历，他们才能真切地了解自己。与对方分享得越多，当你需要安慰的时候，他们越有可能做出准确的回应。

保持人际交往

人际交往是认识自我的一面镜子。当我们独处时,容易沉浸在想象的世界中,给自己和他人都投射一层虚化的滤镜,忽视真实世界中的需求与感受。与人交往则会将我们从幻想拉回现实,直面真实的自己。

关于爱,M. 斯科特·派克是这样解释的:"爱,是为了促进自己和他人心智成熟,而不断拓展自我界限,实现自我完善的一种意愿。"愿你懂得自爱,也能爱人。

非暴力沟通：
别让你说话的方式，毁掉你的婚姻

好的婚姻离不开良好的沟通，很多时候糟糕的沟通是让关系陷入紧张的真正原因。当一个人处于负面情绪中的时候，说出来的话如同一把匕首，轻而易举地刺伤对方。语言有时候比暴力更伤人。

家本应是温暖的，不恰当的说话方式却常常让夫妻之间的关系降到冰点。

错误的说话方式1：对人不对事

托尔斯泰在广场上遇到一个乞丐乞讨，他立刻就要掏钱。旁边同行的人拦住了他，说："这个乞丐的品行非常恶劣，不值得施舍。"托尔斯泰听之后说道："我不是施舍给他那个人，我是施舍给人道。"同行的人看到的是人，而托尔斯泰看到的是事。

"你怎么一点小事儿也办不好！"

"你怎么总是这么懒！"

当这些话从最亲近的人嘴里说出来的时候，简单的争吵已经演变成了人身攻击。将矛头对准人，而不是事，会给我们的另一半造成无形的伤害。

错误的说话方式2：翻旧账

有的人吵架的时候喜欢翻旧账，指责对方"每次""总是""从来"如何如何。因为一件小事而牵扯出以前发生的事情，当过去的感受被激活之后，越吵越生气，越吵越伤人。

错误的说话方式3：情绪化

很多人在和伴侣闹矛盾的时候，为了自己的一时痛快就大吵大闹，甚至歇斯底里。哭多了，闹多了，双方的感情也因为一次次矛盾而变得越来越脆弱。

学会沟通是我们在婚姻中的重要课题。好好说话，才能让亲密关系也变得有松弛感。

杨绛生小孩住院时，钱锺书一个人在家。一天，钱锺书到医院探望杨绛，他告诉杨绛说自己把墨水瓶打翻了，还弄脏了房东家的桌布。杨绛听了后，只是轻轻地对钱锺书说了一句话："不要紧，我会洗。"

钱锺书再一次来医院时，告诉杨绛自己把台灯弄坏了。杨绛安抚钱锺书："不要紧，我会修。"

后来，钱锺书又把门轴弄坏了。杨绛还是那句话："不要紧，我会修。"

换作别的夫妻，当妻子或丈夫听到对方接二连三地弄坏家里的东西，恐怕早就大发脾气了。像杨绛和钱锺书这样，多些理解，少些责怪，一地鸡毛也就成了相伴一生的见证。

我们不应该把所有坏脾气都发泄到枕边人的身上。试着换一种说话的方式，让对方感受到自己的爱与包容，婚姻也会更加幸福和长久。

将反问句改为陈述句

人在生气的时候常常会通过反问句来发动攻击，试图让对方觉得自己才是占理的那一方。从现在开始，少用反问的语气，将自己的想法平静地表达出来。

比如将"我怎么知道"改为"我不知道"，将"你怎么早不说"改为"你下次记得提醒我"，将"你没看见我正在做饭吗"改为"等一下，很快就好了"。

少否定，多肯定

理想伴侣的滤镜往往会被生活琐事打破，各种各样的不满由此产生。当我们内心的焦虑没有得到安抚的时候,就会释放给对方。

很多时候,一句真诚的称赞就可以避免一场家庭大战的爆发。肯定对方,也就是告诉对方"我懂你",这是一种内心成熟的表现。当你学会了用爱的语言来表达自己的想法和情绪时,对方自然也会以爱回馈。

痛苦与冲突：
既要全情投入，又要及时抽离

在阅读过的文学作品中，令我印象最深刻的女性角色是法国作家梅里美笔下的卡门。

卡门是一位热爱自由的波希米亚姑娘，个性强烈而独特。她桀骜不驯，一言不合就在同厂女工的脸上划个血淋淋的"十"字；她恩怨分明，当唐·约瑟因为故意放走她而被判监禁时，会假称唐·约瑟的表妹给他送面包。当然，最吸引我的，还是卡门对待爱情的态度——爱的时候毫不掩饰，不爱的时候也决不妥协，热烈而纯粹。

卡门与唐·约瑟因为几次相遇而日渐熟络，爱情就此萌芽。感情稳定时，卡门可以半个月寸步不离地照顾重伤的唐·约瑟；感情消散后，卡门也明明白白地告诉唐·约瑟，不可能跟着他去美洲过日子。她不依附于任何人，她只是她自己。因此，尽管知道唐·约瑟要杀死自己，她也坦然面对，并且在死前大声宣告："卡门永远是自由的，她生来是加里，死了也是加里。"

如果以现代的道德观来评判，卡门的有些行为并不妥当，但是她在感情上自由的态度却可以让无数纠结于"他／她到底爱不爱我"的人摆脱困局。

爱就在一起，不爱就离开。爱的时候全情投入，不爱的时候及时抽离，这样才能既领会到爱情的美妙，又避免不必要的烦扰。

在这个世界上，有的爱情细水长流，有的爱情跌宕起伏，但无论什么形式，所有的爱情都既看不见也摸不着，只能体验。只有投入地去爱，才能体验到与人相爱的美好感觉。

有的人把爱情或婚姻当作灵药，认为找到一个理想伴侣就能改变不如意的生活局面；有的人把爱情或婚姻当作附属品，认为只要自己对别人好，别人就应该接受自己，无条件地服从自己。上述两种人都犯了一个错误，把亲密关系当成满足自己的欲望或实现自己的目标的手段。

爱情里最好的心态是"我爱你，与你无关"。"全情投入"既是一种面对爱情的信念，也是一种爱的能力。

而当我们在亲密关系中遭遇痛苦和冲突的时候，就应该改变状态，及时抽离出来。这才是有松弛感的人生态度。

出身贫寒的简·爱到桑菲尔德庄园做家庭教师，认识了庄园主罗切斯特。两人即便身份和地位差距悬殊，也不顾一切地相爱了。就在准备婚礼的时候，简·爱发现，罗切斯特还有一个患精神病的合法妻子。得知这个消息，简·爱毅然决然地离开了。

简·爱的离开是为了还自己清白，保留自己的尊严。

在亲密关系中，每个人都有选择离开的权利。

有些时候，亲密关系中的痛苦和冲突并没有严重到需要放弃的程度。情侣或夫妻之间可能因为午饭吃什么而意见不合引发争吵，也可能因为对方回消息太慢而产生不满，这些都是小风浪，会让双方的情绪和关系出现波动。但如果不及时处理，小风浪也可能带来翻船的危险。

如果想让亲密关系风浪平息，我们就应该懂得适度抽离，从局外人的角度来看待这些争吵与不满。比如可以在吵架的时候将注意力从自我的情绪中跳脱出来，去观察对方的反应，这有可能让你共情对方的愤怒，开始理解对方的想法和感受。当你有了这样的觉察，了解到对方的真实需求，就能够有针对性地解决两个人之间的问题了。

人生虽短，爱却绵长。做一个既能投入又懂抽离的人，保持进退自如的姿态，让自己浸润在爱与美的滋养中，享受生命的每时每刻。